KB237635

연애, 그 설레임과
대책 없음에 관하여

하나님의 감미로운 사랑에 빠지고,
아름다운 가정을 가꿔가고 싶은 마음으로 이 책을 엮었습니다.
한없는 사랑을 받고, 마음껏 사랑하고,
영원토록 모두 다 같이 행복하기를 기도드립니다.

연애, 그 설레임과 대책 없음에 관하여

ⓒ 엘이화 2010

2010년 5월 29일 - 1판 1쇄 발행

펴낸이 : 이화섭
펴낸곳 : 엘이화
등 록 : 제380-2010-000020호
주 소 : 경기도 성남시 중원구 금광1동 1866번지
전 화 : 0505-4433-444, 555
팩 스 : 0505-4433-666 (평생번호)

지은이 : 모랑살

 ISBN : 978-89-964369-0(03230)
가 격 : 책 뒤에 있음

독자의 의견과 상담문의를 환영합니다.
http://www.elibook.com   elibook@elibook.com

기독 청년들을 위한
설레이는 연애와 아름다운 가정 만들기
(개인 또는 모임용) - 제 1 권 -

연애, 그 설레임과 대책 없음에 관하여

모랑살 지음

- 데이트 코스 -

　내가 외롭다는 사실을 누군가에게 말해 본 적 있나요? 솔직하게 말 할 수 있는 사람 있나요? 골방에서 하나님께 하소연해 본 적 있나요? 저도 무척이나 외로웠습니다. 가족과 교회, 동호회 친구들까지 많은 사람들이 곁에 있었지만, 언제나 외로웠습니다. 그러나 내가 느끼는 외로움에 대해 쉽게 이야기할 수는 없었습니다. 외로움이란 나의 부족함이나 죄악 때문이거나, 하나님의 연단에 의한 것이거나, 외로움을 느낀다는 것 자체가 하나님만으로 만족하지 못하는 죄악의 습성이라고 자책하곤 했기 때문입니다.

　나중에야 그 진짜 이유를 알게 되었습니다. 외로운 것은 '사랑' 때문이었습니다. 사랑하고 싶고 사랑받고 싶은 그 마음 때문에 우리는 한 없이 외로웠던 것입니다. 하나님께서도 우리와 '함께' 하고자 인간을 창조하셨으며, 하나님을 닮은 아담이 에덴동산의 과일과 동물만으로는 채울 수 없는 외로움을 느낄 존재라는 것을 아시고 하와를 만들어 주셨습니다.

이제는 축복된 사랑의 이야기를 해보려 합니다. 이 세상에는 사랑이 있기에 참 많은 만남과 이별이 있으며 참 많은 추억도, 많은 눈물도 있습니다. 그리고 사랑은 우리가 이 세상을 살아가는 이유가 됩니다.

우리를 창조하신 이유가 '하나님의 영광'을 위해서라는 말씀이, 자칫 혼란과 무모한 도전을 불러일으키지는 않을까 조심스럽습니다. '하나님의 영광'이 무엇일까를 고민해봅니다. 어떤 '성과'를 올려드려야 영광이 되실지……. 주신 달란트를 두 배로 늘리면 될까요? 내가 하나님께 받은 달란트는 무엇일까요? 재산? 성적? 인기? 체력? 전도 능력? 찬양의 은사?

나를 사랑하시는 하나님께서 내게 가장 원하시는 것은 무엇일까요? 처음 인간을 흙으로 빚으신 때부터, 십자가에 못 박혀 우리를 구원하시고 2천년 넘는 시간 동안 역사를 만들어 오시고, 지금 이 땅에 나를 살게 하신 하나님께서는 내게 무엇을 원하고 계실까요? 내가 무엇을 하여야 '하나님의 영광'을 드높일 수 있을까요?

하나님께서 원하시는 것은 세상 모든 재물도 아니고, 무서움에 굴복하는 복종도 아니리라 생각합니다. 창조주 절대자 앞에서는 굴복하고 엎드리는 것이 당연하지만, 그것만은 아닙니다. 사랑. 하나님은 사랑이시라. 하나님은 신랑 신부의 혼인잔치(요한계시록19:7-9)처럼 서로가 서로를 사랑하고 만족하는 관계를 원하십니다. 그래서 지금의 나도 하나님을 사랑하는 것이 하나님을 최고로 기쁘게 할 수 있는 일이라 확신합니다.

그리고 인간 세상에서의 사랑. 어떻습니까? 항상 관심은 충만한데 드러내놓고 열심히 하면 '밝히는' 사람이 되고, 나이는 찼는데 곁에 아무도 없으면 주변의 잔소리에 짜증과 강박관념에 휩싸이고, 성 관계에 대한 호기심과 관심을 떳떳하게 해결할 수 있는 방법은 없죠. 성 행위에 대한 죄의식 뿐 아니라, 연애 자체에 대한 관심까지도 떳떳하지 못하고 부끄러운 것으로 여기게 하는 분위기가 건전하고 축복된 연애를 막고 있는 것은 아닐까요?

오늘날 많은 남녀가 현재와 미래의 행복을 꿈꾸고 함께 그리는 연애를 '제대로' 하지 못하고 결혼을 하고, 결국 많은 가정들이 일그러진 모습으로 힘들어합니다. 바로 그런 가정들의 모습에 저는 이 책을 엮고 싶어졌습니다. 당사자들도 죽도록 힘들겠지만 하나님께서도 절대 기뻐하시지 않을 그 모습들을 고쳐나가기 위해, 결혼과 연애 전에 하나님과 우리가 모두 원하는 가정관을 만들어가기 위해 이 책을 준비했습니다.

부디 이 책이, 하나님이 기뻐하시는 사랑의 가정을 꾸려가는 행복한 집에 작은 모퉁이돌이 되기를 기도합니다.

나를 사랑하시고 구원하신 그 사랑에 감사드립니다. 제가 주님을 얼마나 사랑하는지 주님께서 아십니다. 그 사랑으로 이 책을 엮을 수 있게 해 주심에 감사드립니다. 나의 부족함을 주님께서 아십니다. 그 부족함으로도 합력하여 선을 이뤄주실 주님의 완전함을 믿고 의지하여 이 책을 세상에 내 놓습니다.

http://www.elibook.com

책의 내용에 관한 의견 혹은 개인적인 상담을 원하시는 분들을 위해 홈페이지를 준비했습니다. 책 안에 갇혀 있는 검은 글자들 그 이상의 인연이 되기를 기대해 봅니다.

[모랑살 신앙 이력]

의 미 : **모**두 함께 사**랑**하며 **살**아요.

본 명 : 이 화 섭

탄 생 : 1972년 4월 15일

구 원 : 1988년 12월 어느 저녁, 신덕교회 통나무 난로 앞

세 례 : 1989년 신덕교회 한종정 목사님

교 회 : 1972 ~ 1974년 - 서울 어디 쯤
　　　　1974 ~ 1989년 - 신덕교회 (한종정 목사님)
　　　　1989 ~ 1998년 - 사랑의교회 (옥한흠 목사님)
　　　　1998 ~ 2003년 - 교회 중단 (담당 목사님 승락)
　　　　　　　　　　　　광야 생활, 동호회, 연애 등
　　　　2003 ~ 2008년 - 사랑의교회 (오정현 목사님)
　　　　2008 ~ 현재 - 분당우리교회 (이찬수 목사님)

봉 사 : 성가대, 국내선교부(북한연구팀, 농촌지원팀), 영아부,
　　　　한국가정법률상담소 성남지부

모 임 : 대학부, 청년부, 신혼부부 다락방 등

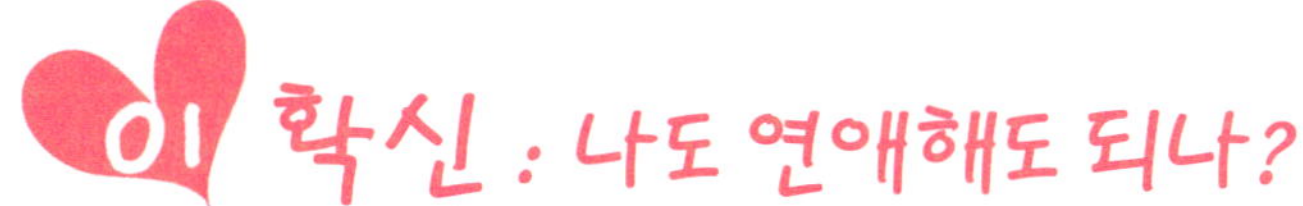

이 확신 : 나도 연애해도 되나?

♥♥ 모임에서 함께 읽을 때:
다가오는 생일이 제일 가까운 분이 아래의 글을 읽어 주세요.

하나님의 사랑하심과 예수님의 속죄하심과 성령님의 동행하심으로 오늘 모인 모든 분들에게 진리의 깨달음과 만남의 축복이 있으시기를 예수님의 이름으로 기도드립니다. 아멘.

오늘 처음 만난 사이라면 어색하기 마련이죠. 맞은편에 앉은 사람을 한 번씩 눈여겨봅시다. 눈을 맞추기가 힘들다면 다시 책으로……. 처음부터 마냥 편하고 별 느낌이 없다면, 처음 만난 날만 만들 수 있는 추억을 도난당한 것과 같지 않을까요? 그러니 첫 시간에는 그냥 이 어색함을 즐겨 봅시다. 억지로 분위기 띄우려다가 본전도 못 챙기는 수가 있습니다. (^_^) 본색을 드러낼 때까지 서로의 가면 속에 흐르는 재치와 웃음을 기대하면서 기다려 봅시다.

" 안녕하세요? 연애하러 오셨나요?"

" 안녕하세요? 연애하다 오셨나요?"

" 안녕하세요? 최근에 헤어지고 오셨나요? ㅠㅠ"

💕 주변 3명씩, 남녀 불문하고 인사 나눕시다.

오늘은 모두 처음 만나는 얼굴이니 각자 소개하는 시간을 가집시다. 너무 솔직하게는 말고, 조금 근사하게 꾸며보아도 좋겠네요. 연애 경험이 많은 분은 조금은 없는 척 하는 것도 괜찮겠고, 경험이 전혀 없는 분이라면 제법 있는 척 해도 좋습니다. ^^ 이 모임을 함께하게 된 계기나 바람을 이야기해 줄 수 있다면 더욱 좋겠네요.

💕 각자 자기 마음에 들게 자기 소개하기.

오늘 나누고 싶은 이야기

연애를 하긴 해야겠고, 하려고 하자니 난감하고 대책이 없으신가요? 남들이 하니까 따라하고, 하면서도 몰래 하고, 왜 하는지도 모르면서 힘든 연애에 목매고 있는 분들이 있다면 오늘 나눌 이야기를 잘 챙겨보시기 바랍니다. 그리하여 혹시 당신이 연애를 꼭 해야 할 사람이라면 어느 영화보다도 멋지게 할 것이요, 독신의 은사가 확실하다면 더 이상 연애 소설과 드라마, 영화에서 뿌려주는 딴 세상 이야기들에 시달리지 마시기 바랍니다.

연애를 꼭 해야 하나요? 힘들고, 돈 들고, 시간 들고, 공부에 일에 방해되고, 주변 사람들 눈치 보이고, 헤어지면 온 세상이 무너진 듯 아파할 것을 왜 해야 하죠? 다른 사람들은 그렇다 치고, 나도 연애해야 할까요? 연애 잘 하는 비법을 찾아보기 전에, 내가 연애를 해야 하는 족속인가를 짚어보는 것도 의미 있는 일입니다. 내가 해야 할 일이고 적성에 맞는 일이라면 열심히 하고, 만약 아니라면 과감히 떨쳐버리고 살아도 될 테니까요.

💕 위의 글을 읽고, 나누고 싶은 이야기가 있으면 나눠봅시다.

💕 각자의 상황에 따라 다른 의견이 나올 수 있겠죠.
지금 누군가 그리운 사람, 지금 누군가와 힘들게 연애하고 있는 사람,
얼마 전에 헤어지고 온 사람. ㅠㅠ
우리들의 얘기를 조금만 꺼내보도록 합시다. ^^

어떤 대책이 있나요?

(가) 독처하는 것이 외롭다면…

1) 커플끼리 다니는 모습을 보면 부러운가요?
   크리스마스에 애인이 없으면, 내 신세가 처량하게 느껴지나요?

2) 공부, 일, 내 인생의 목표를 위해 최선을 다 하고 싶고 열심히 살
   고 있는데, 바로 이 순간에도 가슴 한쪽에는 싱숭생숭한 허전함과
   무언가에 대한 그리움이 울렁거리고 있나요?

그래도, 외롭지 않은 척 해야겠죠?

(나) 이성에 대한 생각과 얘기를 많이 하게 된다면…

1) 교회나 학교에서, 나를 기다리고 있는 누군가의 서성임에 설레어
   본 적 있나요? 아직 손도 못 잡은 사이지만, 마음 속에서는 뭔가
   느껴지는 그 사람이 날 기다리고 있었대요. 어떨까요?

2) 관심 있는 이성과 만나기 위해 시간을 쪼개는 일이 있나요? 애인
   이 없을 때라면, 그리 관심이 많지 않은 이성이라도 즐겁게 만나러
   나가시나요?

(다) 혹시, 독신의 은사가 있는 것은 아닐까…

1) 누군가에게 포근히 안기고 싶은 마음이 들 때가 있나요? 인생에
   대한 꿈과 신앙의 열정만으로는 채워지지 않는 허전함을 느낄 때가
   있나요?

♥♥ **동성에게 안기고 싶은 사람도 있나요?**

그저 사춘기 시절의 추억꺼리라면 걱정하지 말기로 하고,

여기서는 통과.

2) 성적(쩍) 욕구는 얼마나…? 혹시 나중에 불이 당겨질 수도 있겠고,
   상황에 따라 다르겠지만, 일단 지금 이순간만 생각해 봅시다. 어쩌
   면 이미…?

♥♥ 속으로만 답변해도 좋습니다.

♥♥ 혹시 독신의 은사가 확실하다면,
진도 더 나갈 것 없이, 그 비법을 나눠보는 건 어떨까요? ^^;

(라) 관심 끌리는 이성이 생겼다면…

1) 지금 생각나는 이성이 있나요?
   연애 상대로 사귀어 보고 싶은 이성이 있나요?

2) 만약 지금 그 사람에게서 전화가 온다면, 이 책 덮어 놓고 당장 나
   가야겠죠?

(마) 연애결혼 하고 싶다면..

1) 연애결혼을 하고 싶으신가요? 아니면 중매? 혹은 집안의 결정에 따를 생각인가요? 어떤 경우나 어느 정도의 연애 기간은 필요하겠죠?

2) 연애를 하는 데에 어떤 기술이 필요할까요? 그냥 되는대로 만나도 될까요? 아니면, 혹시 이미 완벽한 준비가 끝나 있다고 생각하나요?

내가 독처하고 있다는 사실을 누가 알까? 좋은 부모님과 형제와 친구들이 있어도 독처하는 것만 같은(창세기 2:18), 이 외로움을 누가 알까요? 친구들과 수다를 떨다가도 그 사람의 뒷모습을 놓칠 수 없었던 그것은 설렘이었고, '사랑'의 시작이었습니다.

 **독신이 아니라면, 샤론의 수선화입니다.**

사도 바울 선생님은 자신처럼 독신으로 지낼 수 있다면 그것도 좋다고 말씀하셨습니다. 그러나 독신은 선택의 대상이 아니며 각자가 태어날 때 받은 은사에 의해 가능한 것이라고 하셨습니다(마태복음 19:11~12, 고린도전서 7:7). 즉 독신의 은사를 받은 이가 아니라면, 당신 역시 누군가를 사랑하며 살아가야 하는 샤론의 수선화입니다(아가서 2:1).

질투의 하나님께서 사랑하라고 하십니다.

질투가 많으신 하나님께서는 세상 모든 것, 어떠한 우상에게도 절하거나 섬기지 말라고 하셨습니다. 무서운 질투의 하나님[1]. 그런데 그런 질투의 하나님께서, 첫째로는 하나님을 사랑하고 둘째로는 이웃을 '우리 자신처럼' 사랑하라고 하십니다(마태복음 22:39). 하나님께서는 우리가 서로 사랑하는 것에 대해서는 결코 질투하지 않으십니다. 오히려 하나님께서는 우리에게 부모를 떠나 결혼해서 한 몸이 되라고 하셨습니다(창세기 2:20~24, 마태복음 19:4~6).

---

[1] 질투의 하나님 – 출애굽기 20:5, 신명기 4:24, 여호수아 24:19, 시편 79:5, 아가 8:6, 에스겔 16:38, 나훔 1:2, 스바냐 1:18, 스가랴 1:14, 외 13곳

성공비법

나도 연애해야 하나? 연애해도 되나? 이제 답을 얻으셨나요? 연애를 해야겠다는 확신이 생기셨나요? (처음부터 기대가 너무 큰 걸까요? ^^) 이성과 연애에 대한 관심에서 벗어나지 못하면서도 이성을 만날 땐 도둑질하듯 들키지 않으려 애쓰고, 사랑의 기쁨은 어느덧 사라지고 사랑이 주는 아픔과 슬픔만 영원히 남는 연애. 그것은 우리가 원하는 연애와 사랑이 아니지 않나요?

† 우주보다 크게, 한없이 사랑하기.

하나님의 형상을 닮은 우리는 사랑하는 것이 마땅합니다. 원 없이, 한 없이, 사랑하고 싶은 만큼 우주 끝까지 사랑해야 합니다. 우주가 이렇게 밑도 끝도 없이 큰 이유를 아십니까? 그것은 하나님의 사랑이 그보다 훨씬 크기 때문입니다. 그리고 우리는 그런 하나님을 닮은 사랑을 하기 위해 이 땅에 태어난 존재들입니다. 그렇다면 하나님이 우리에게 가르쳐주신 사랑은 그저 점잖은 아가페적 사랑뿐일까요? 하나님께서는 '절대적인 사랑'을 하되 다소 에로스적인 핑크빛 사랑과 연애, 그리고 결혼도 하라고 말씀하셨습니다. '아가서'는 아무리 봐도 아가페적인 사랑만으로 이해하기에는 너무 야릇합니다.

† 그리움과 설렘으로,,

우리가 사랑하고 연애하고 싶은 마음은 하나님을 닮은 것이요, 하나님께서 적극 권장하시는 일임을 확신합니다. 하나님의 완전한 에덴 동산에서도 아담이 혼자 독처하는 것은 좋지 못하다고 하셨습니다(창세기 2:18). 그리고 하나님께서는 우리에게 서로를 사랑하고 돕는 아내와 남편을 주셨습니다(창세기 2:20, 에베소서 5:25, :28).

우리가 서로에 대한 깊은 사랑을 느끼고 행할수록, 하나님의 사랑도 더욱 깊이 알아갈 수 있습니다. 하나님과 우리 사이에는 죄 사함을 받고 영광을 돌려드리는 관계 이상의 무엇이 있습니다. 그것은 사랑. 하나님은 사랑이십니다(요한일서 4:8). 그리고 그 사랑은 그리움과 설렘, 고통과 기쁨 모든 것입니다.

할 수만 있다면 정말 영화 같은 연애를 하시기 바랍니다. 하나님께서는 늘 당신의 연애를 후원해주고 계시며, 당신의 배우자를 위한 기도에 응답해주길 원하십니다. 열렬한 연애를 하는 것은 하나님께서 얼마나 우리를 사랑하시는지를 이 세상에서 확인할 수 있는 최고의 방법입니다.

천국의 기쁨은 '혼인 잔치'에 비유됩니다(요한계시록 19:7). 연애도 달콤하고 세상도 살만해지면 천국에 대한 소망이 흐려질 위험이 크죠. 그래서 우리의 인생에는 고통도 함께 있을 것입니다. 그러나 하나님은 하나님과 성도들이 함께 할 천국의 영원한 기쁨을 세상에 소개해주기 위하여 우리에게 혼인잔치의 기쁨을 주셨습니다. 혼인해 보지 않고서 그 기쁨을, 천국의 기쁨을 어찌 알 수 있겠습니까? 그 큰 기쁨과 영광을 향해 갈 수 있는 아름다운 연애를 꼭 해 보시기 바랍니다.

사랑과 설렘으로 가득한 연애와 결혼,
행복한 가정에 관하여 앞으로도 계속 깊은 교제 나누기를 원합니다.
오늘 만남에 감사드립니다.

연애, 그 설레임과
대책 없음에 관하여

02 우선순위 - 비전이냐? 연애냐?

모임에서 함께 읽을 때:
생일이 제일 멀리 남은 분이 아래의 글을 읽어주세요.

오늘 모인 분들께 하나님의 평강이 넘치시기를 기도드립니다. 우리가 아직 부족하여 받는 고통들이 이 시간 진리의 깨달음을 통해 평강과 감사가 되기를 예수님의 이름으로 기도드립니다. 아멘.

지난 시간 나누었던 말씀을 두고 생각해 볼 때, 오늘 다시 모인 분들은 연애의 사명을 감당하기로 결단하신 분들이 확실합니다. 드디어 동지를 만났습니다. 반갑게 인사 나눠봅시다.

" 반갑습니다. ^^ " 더 이상 말이 필요 없습니다.

연애하고 사랑하는 것이 우리 삶의 가장 중요한 사명이라고 말하면, 각종 공부나 고시, 취업을 열심히 준비하고 계신 분들께는 조금 죄송한 것일까요? ^^

지난 장에서 나눈 말씀에 관하여 새로운 생각이나 다른 생각이 떠오른 분이 있나요? 연애를 하기로 마음먹은 분들은, 어떤 시도를 통해 무슨 성과를 거두셨나요? 혹시 도저히 풀리지 않는 문제가 있지는 않았나요? 우리가 앞으로 다루게 될 내용에 관계된 이야기일 수도 있겠지만, 잊어버리기 전에 말씀해 주시면 앞으로 나눌 이야기들에 참고하도록 하겠습니다.

🌸 오늘 나누고 싶은 이야기

💗 모임에서 함께 읽을 때 :
생일이 두 번째로 멀리 남은 분이 아래의 글을 읽어 주세요.

비전, 신앙훈련, 연애금지

제가 겪었던 유명 교회의 대학부와 대학에 있는 기독동아리 등 기독훈련단체의 은근한 기류가 있는데, 그것은 '신앙훈련, 비전우선, 연애금지'입니다. 군대 다녀온 복학생 선배가 앞에 서서 공공연하게 '4학년 이하 연애금지', '제자훈련 기간 연애금지', '공동체 내 연애금지' 등을 외칩니다. 군대식이죠.

그에 주눅 든 후배들은 선배님의 말씀을 따르려고 노력해 보지만 흔들리는 그 마음을 어찌 할 줄 몰라서 몰래 숨어 연애를 하거나 끝내는 반항하기도 합니다. 몇몇 용감한 사랑의 용사들은 공개적으로 연애를 시도하다가 선배들의 압력을 받고 심지어는 교역자에게 불려가기도 하죠. 80년대까지는 빳따도 있었다던데, 요즘은 없겠죠? 빳따도 끊을 수 없는 사랑, 정말 멋지네요.

연애는 언제 시작할까요?

　튼실한 신앙훈련, 삶의 소명 발견, 미래에 대한 설계와 실천의 노력 등 우리 인생에 중요한 것은 많고, 그 중에서는 남들이 이해하지 못하는 것도 있죠. 그 가운데 연애라는 것은 유치원 때부터 "누구는 누구를 좋아한데요~"라며 우리의 애간장을 태우기 시작했을 것입니다.

　물론 온통 연애에만 빠져 살면 안 되겠지요. 하지만 이렇게 예닐곱 살 때부터 우리를 따라다닌 문제를 세월 가는대로 아무 대책 없이 내버려 둘 수는 없지 않을까요? 그렇다면, 연애는 언제 시작하면 좋을까요? 노처녀, 노총각으로 불리기 전까지는 그냥 흘러가는 대로 있어도 괜찮을까요? 요즘은 사회적으로 점점 싱글도 문제없다는 분위기이니 그냥 혼자 살아도 괜찮을까요?

　지금 우리에겐 무엇이 제일 중요할까요?

위의 내용이 우리의 상황 맞나요?

어떤 대책이 있나요?

(가) 언제까지 연애 금지?

1) 남몰래 이성에 대한 관심을 갖기 시작한 것은 언제였나요? 친구들 끼리 이성교제에 관한 이야기를 하기 시작한 것은 언제부터였죠? 부모님께서 이성교제를 암묵적으로 허용하시는 것은 보통 언제쯤 일까요?

2) 부모님께서 지금 교제하는 사람 없냐고, "중매라도 해 주랴?"라며 초조해 하실 때는 언제부터 일까요?

(나) 연애 준비 기간

1) 연애에 대해 얼마나 준비하고 나서 실전에 들어가면 좋을까요? 연애 준비를 효율적으로 하려면 어떻게 하면 좋을까요? 연애를 위한 준비로는 무엇이 필요할까요?

2) 연애의 기간이나 농도, 횟수와 아름다운 가정을 만드는 것에는 어떤 관계가 있을까요?

(다) 선교사가 될 것인가? 가족이 될 것인가?

1) 신앙훈련과 연애는 함께 할 수 있을까요? 후배 양육을 담당하는 선배가 연애를 하고 있다면, 둘 다 잘 될까요?

2) 우리 주변의 대학 청년들 혹은 신앙선배들 중에 선교사가 많은가요? 평범하게 결혼한 사람이 많은가요?

(라) 이혼과 인생

1) 2009년 통계에 따르면 우리나라에서 한 해에 309,759쌍이 결혼했는데 이혼이 123,999건이었습니다. 1995년에 결혼이 398,500건, 이혼이 68,300건이었던 것과 비교하면 짧은 시간동안 이혼율이 얼마나 빠르게 늘어났는지 알 수 있습니다. OECD 회원국 중 1위라고 하네요. 이를 통해 247,998명의 이혼경력자들이 생겼고, 그 자녀들에 대해서는 이야기하고 싶지도 않습니다. 기독교인 가정의 이혼율도 비슷하답니다. 믿어지시나요?

2) 이혼한 기독교인 가정의 부부들은 신앙과 믿음 때문에 이혼했을까요? 혹시 이혼하지 않을 대책 가지고 계신 분 있나요? 어떻게 하면 피할 수 있을까요?

(마) 신실한 형제♡자매 찾기

1) 신실함의 기준은 무엇일까요?

2) 몇 명과 교제해봐야 신실한 배우자를 찾을 수 있을까요?

(바) 비전 중의 비전

1) '아름다운 가정'도 우리가 준비해야 할 비전일까요?

2) 가장 오랫동안 서로 사랑하며 살 사람은 누구일까요?

모임에서 함께 읽을 때 :
네 번째로 생일이 멀리 남은 분이 아래의 글을 읽어주세요.

최우선 사명

우리의 삶에서 가장 중요한 것은 무엇일까요? 죽을 때까지 평생을 함께 할 가족은 아닐까요? 그런데 지금 우리에게 가정이라는 존재의 위치와 의미가 어떠한지 생각해봅시다. 조금 이상하거나 잘못된 것 같지는 않나요? 우리는 혹시 가정을 대외 사역과 교회봉사, 또는 직장을 위한 휴식 공간 정도로 생각하고 있는 것은 아닐까요?

> "누구든지 자기 친족 특히 자기 가족을 돌보지 아니하
> 면 믿음을 배반한 자요 불신자보다 더 악한 자니라."
> (디모데전서 5:8)

우리의 고독은 죄입니다. 외로움을 틈 타 우리를 유혹하는 사단의 죄악에 빠지는 것도 문제지만, 하나님과 나누는 기쁨이 단절되고 서로 사랑하라는 말씀에 따르지 않는 큰 죄입니다(마가복음 12:30~31). 하나님께서는 고독한 자들을 가족과 함께 살게 하신다 하셨습니다(시편 68:6). 가정은 그 어떤 사역에도 밀려나서는 안 되는 중요한 사명입니다. 훌륭한 가정에서는 후손들을 잘 인도하여 의롭고 선한 일을 하게 합니다(창세기 18:19).

기쁜 가정을 위한 연애

가정 중에서도 '기쁜' 가정이 아니면 아무런 유익함이 없습니다. 다투는 아내는 이어 떨어지는 물방울과 같고(잠언 19:13, 27:15), 다투는 아내와 사느니 혼자가 더 낫다고 합니다(잠언 21:9, 21:19, 25:24). 그러니 다툼 없이 기쁘게, 평생 해 아래서 수고한 몫으로 아내와 함께 즐겁게 살라고 하십니다(전도서 9:9). 이러한 말씀들이 우리 삶 가운데 이루어지게 하기 위해서는 어떤 노력과 실천이 필요할까요? 이 세상의 수많은 가정들 가운데, 기쁘고 즐겁기보다는 힘들고 어려운 가정들이 많다는 사실이 우리 인간 삶의 미래를 암울하게 합니다.

💕 모임에서 함께 읽을 때 :
깨달음의 경지에 다다른 분이 아래의 글을 읽어 주세요.

✝ 비전과 연애와 가정

우리의 연애에 대해 생각할 때, 더불어 가정을 생각하지 않을 수 없습니다. 그저 순간순간 마음이 이끄는 대로 상대를 만나면서 평생을 보낼 생각이 아니라면, 연애는 곧 가정의 준비이기 때문입니다. 우리의 삶에는 '사명'과 '비전'도 중요하지만, '가정'의 자리를 그것들에게 쉽게 내어 줄 수는 없습니다. 연애가 중요한 것은 가정이 중요하기 때문입니다. 따라서 성공적인 연애란 '가정의 중요성'을 확실히 깨닫고, 그러한 가정을 세우기 위해 어떤 연애가 필요한지를 터득하는 데에서 출발하는 것입니다.

✝ 가정이 평생 걸림돌이 될 수도 있습니다.

아무도 모릅니다. 처음에는 사랑하는 사람에게 무엇이든 다 줄 것처럼 장담하지만, 서로 간에 다툼이나 불화가 생기기도 하고 그것이 지속되며 반복되는 경우가 허다하죠. 애인에게 거짓말하고 바람까지

피우는 사람도 있습니다. 결혼하고 나서는 말할 것도 없죠. 이런 사람을 만나서 가정을 이루고 산다면 과연 '비전 성취'가 가능할까요?

발전적인 연애를 위해서는 나 자신을 다듬어야 할 뿐 아니라 나와 맞지 않는 사람을 피하기 위한 경험도 필요합니다. 연애를 하되, 내게 중요한 '비전'의 성취를 가로막는 거대한 걸림돌을 피해야 합니다. 너무 슬픈 추억이 남지는 않길 바랍니다.

† 최고의 것을 나누는 가정

정치, 경제계에서 큰일 하시는 분들 중에, 지나온 인생을 돌아보며 가족과 함께 많은 시간을 보내지 못한 것이 가장 아쉽다고 말하는 분들이 많습니다. 사업, 선교, 목회, 학교, 친구, 교회, 봉사 등을 통해 만나는 그 어떤 관계에서도 가족 간에 나누는 사랑과 관심, 편안함과 기쁨을 얻을 수는 없습니다. 이웃을 내 몸처럼 사랑하며 살 수는 있지만, 이웃은 이사 가면 그만이죠.^^; 그러나 가족은 죽는 순간까지 우리와 함께 합니다.

† 주고받고 넘치는 사랑

결혼에서 희생과 헌신을 빼 놓을 수는 없지만(누가복음 6:34, 예수님의 삶), 나의 모든 자아와 평안, 안락함과 기쁨을 포기하고 헌신만 하는 것은 가정이 아니라고 생각합니다. 예수님께서는 누구든지 받고자 하는 대로 대접하라고 말씀하셨습니다(마태복음 7:12). 나의 사랑을 줌으로 그가 사랑을 받고, 그 기쁨으로 더 큰 사랑을 채워 그에게 되돌려줍니다. 나는 다시 감당하기 벅찬 사랑을 받고, 그 기쁨을 이기지 못할 지경이 됩니다. 그리고 그 넘치는 사랑을 자녀와 이웃과 세계와 열방에 베풀게 됩니다. 예수님께서 우리의 죄를 사해주신 것 역시 우리를 사랑하시기 때문이며, 그 사랑의 베풂은 곧 우리와 사랑을 나누고 싶으신 까닭입니다.

최근 사회 분위기가 가족 중심으로 많이 바뀌고 있는 것 같기는 합니다. 술과 친구만 찾던 남편(남의 편?)들이 가족과 함께 공원을 거닐고 있는 모습을 쉽게 볼 수 있으니 말입니다. 그런대도 이혼율은 계속 높아만 갑니다. 참으로 깊고 오묘한 모순입니다.

연애, 그 설레임과
대책 없음에 관하여

💕 **모임에서 함께 읽을 때 :**
가장 최근에 극장에서 영화 본 분이 아래의 글을 읽어 주세요.

오늘도 함께 하시는 모든 분들께 하나님의 친밀한 사랑이 점점 더 섬세하게 느껴지고, 하나님이 기뻐하시는 연애에 대한 균형 있는 생각과 믿음이 견고해지기를 예수님의 이름으로 기도드립니다. 아멘.

가장 큰 비전과, 가장 기본이 되는 비전을 기억하시나요? 누군가는 여기 모인 사람들이 연애만 좋아한다고 오해할지도 모르지만, 우리는 알고 있죠? 주님의 위대한 사명을 잘 성취하기 위해서는 연애도 잘해야 한다는 사실 말입니다.

반갑게 인사 나눕시다. "큰 사명을 성취합시다. ^^ "

앞 장에서 우리는 비전과 사명을 찾는 일이 매우 중요하지만 가정을 준비하는 연애는 모든 것에 우선하는 중요한 가치라는 말씀을 나누었지요. 혹시 새로운 의견이나 다른 생각이 떠오른 분이 있나요?

비전과 훈련을 강조하면서 연애금지를 기본 방침으로 하고 있는 동아리나 단체에 참여하고 있는 분이 있다면, 지난 시간 동안 어떤 생각을 하셨나요? 혹시 어떤 의견 대립이나 갈등은 없었나요?

💕 **모임에서 함께 읽을 때 :**
최근에 두 번째로 극장에서 영화 본 분이 아래의 글을 읽어주세요.

연애, 시작하기도 어려운데 잘 할 생각까지 하니 벌써부터 골치가 아프신가요? 혼자 하는 거라면 좀 못해도 그냥 적당히 하다 말면 되지만, 누군가와 함께 해야 하는 일은 수준이나 스타일이 안 맞으면 서로 피곤하죠. 그럼에도 불구하고 어느 한 쪽이 그 끈을 놓지 않으려 한다면 둘 다 고생 무지하게 할 수도 있습니다.

시작도 안 되는 연애

연애가 무엇이기에 잡히지도 않으면서 이리도 애를 태우는지 답답한 분들과 함께 이야기 나누고 싶습니다. 언제나 마음에 품은 사람은 있는데 전화 한통 하기도 힘들고, 따로 만나기는 더 가망 없고, 마주치기만 해도 말문이 막히고, 나중에 후회할 말만 툭 던지게 되고… 내 진심을 쏟아내고픈 열망은 엄청나게 큰데, 쳐다보고 말 붙이기도 어려운 그 사람이 떠오르시나요?

욕심 버리고 마음 비우고, 좀 아쉽지만 일단 만나보려고 했는데, 그나마 한 달 넘기기도 힘든 썰렁 연애. 사실 연애랄 것도 없었죠, 몇 번 만나지도 못하고 한 달 다 갔으니까요. 데이트는 일주일에 몇 번 해야 하는지, 만나면 뭘 해야 하는지, 전화 걸면 무슨 얘기를 해야 하는지……. 친구나 후배와는 몇 시간도 문제없는데, 왜 그 사람과는 안 될까요? 이런 분들은 다음 장에서 만나요.

❤❤ 문제없이 연애 잘 되고 있는 분 있나요? 오늘의 Leader!

(가) 대충 할 일이 아니죠.

1) 내심 아니다 싶은 사람이 접근해 온 적이 있나요? 그럴 땐 어떻게 하시나요? 좀 만나 보나요? 아니면 애초에 싹을 잘라 버리시나요? 물론 그 때 그 때 다르겠지만요.

2) '희망고문'을 아시나요? 확실한 Yes를 주는 것도 아니면서 계속 희망을 갖게 하는 그 잔인한 고문……. No해 놓고도 계속 잘해 주면 어쩌란 말인가 ㅠㅠ. 혹시 당해 보신 적이 있나요? 아니면, 지금 누군가를 고문하고 있지는 않나요?

(나) 초보운전은 긁고 다니게 마련.

1) 정말 좋아하는 사람인데, 그 사람에게 말도 안 되게 어리석게 굴었 던 경험이 있나요? 얼굴이 확 달아오를 만큼 바보 같은 나의 말과 행동들, 그 사람 속을 무지 긁었던 기억… ㅠㅠ

2) 첫사랑, 그 사람을 다시 만난다면 다시 잘 해 볼 수 있을 것 같나 요? 아니면 새로운 사람을 만나는 게 더 좋을 것 같나요?

(다) 발전이 있어야 할 텐데.

1) 사귀는 동안 서로의 진심을 확인할 수 있었나요? 상대방에게 나의 진심을 고백해 봤나요? 손은 잡아 봤나요? (순진커플용 질문)

2) 진심으로 사랑하는 사이인데도 너무 힘들었던 점이 있었다면 무엇 인가요? 다음 사람을 만났을 때, 그런 것들이 개선되던가요?

(라) 잘~!! 행복 합시다.

1) 둘 중에 한 사람만 행복한 연애가 있을 수 있을까요?

2) 얼마나 행복한 연애를 하고 싶은가요? 얼마나 오랫동안 행복한 연
   애를 하고 싶은가요?

행복한 연애가 무엇일까에 대해서는 나중에 다시 이야기 나누기로
해요.

(마) 아름다운 가정과 연애

1) 당신이 생각하는 아름다운 가정의 모습을 머릿속에 그려보세요.
   어떤 그림을 그렸나요? 훗날 당신도 그런 가정을 꾸리며 살 수 있
   겠죠?

2) 최악의 가정의 모습을 직접 보거나 상상해 보신 적 있으신가요?
막장 드라마에서 보여주는 상황들은 무척 추하고 힘들어 보이지만,
사실 현실 속에는 그보다 훨씬 고통스러운 가정도 많습니다. 같이
있어서 더 슬프고 힘들고 아픈 가정이 많이 있습니다. 그러나 우리
는 최고로 아름다운 가정을 욕심내 봅시다. 당신도 그런 가정을 꾸
리며 살 수 있겠죠? 어떤 가정을 꿈꾸고 계신가요?

💕 모임에서 함께 읽을 때:
네 번째로 최근에 극장에서 영화 본 분이 아래의 글을 읽어주세요.

 성경 어디에 연애에 관한 말씀이 있나요?

성경에 연애 잘하는 방법에 관한 말씀이 있던가요? 하나님은 청년기의 연애와 신혼의 사랑에 대해 알고 계십니다(예레미야 2:2). 음행과 혼전 성관계에 관해 구체적으로 다룬 말씀도 있고, 지고지순한 사랑과 욕정, 타락에 대한 이야기도 있습니다. 야곱이 라헬을 사랑하여 두 번씩이나 7년을 며칠처럼 여겼던 사랑 이야기(창세기 29:18~20), 다윗의 아들 암논이 이복누이 다말을 연모하여 강간하고 내쫓은 욕정의 이야기(사무엘하 13장), 솔로몬이 이방여인들과 타락한 이야기(열왕기하 11:1~3) 등등. 모든 이야기들에서 집요한 이기적 욕정은 결국 죄악으로 심판받고 망하는 길 뿐이었습니다.

성경 속에 있는 아가페 사랑과 헌신에 관한 말씀들, 창세기 2장, 고린도전서 13장, 에베소서 5장 등의 말씀을 인용하여 연애에 관해 이야기를 해 볼 수 있겠습니다. 부모를 떠나 배우자와 한 몸을 이루라는 명령과, 사랑은 어떤 것이고 남편과 아내는 각각 어떠해야 한다는 말씀들을 적어 볼 수 있습니다. 그런데, 그 전에 연애는 어떻게 해야 하는지부터 알 수는 없을까요?

📕 관계의 큰 그림 보기

그가 너로 인하여 기쁨을 이기지 못하시며, 너를 잠잠히 사랑하시며 즐거이 부르며 기뻐하시리라(스바냐 3:17). 하나님과 우리는 기쁨의 관계입니다. 우리의 연애를 하나님께서 기뻐하시는 이유가 무엇일까요? 잠깐, 여기에 '영광 돌림'으로 답을 적으면 원점으로 돌아가 버립니다. 하나님께서 우리의 연애를 기뻐하심은 우리가 서로 사랑함으로 관계의 기쁨과 감격을 누리기 원하시고, 나아가 그보다 더 큰 하나님과의 사랑과 기쁨을 깨닫기 원하시기 때문입니다(요한1서 4:20~21)[2].

우리가 서로 깊이 사랑하고 신뢰하며 영원을 약속하는 기쁨의 관계를 누릴 때, 비로소 하나님의 사랑을 조금 더 깊이 느낄 수 있으며 하나님을 진정으로 사랑하는 우리가 되어 갑니다.

---

2) 요한1서 4:20~21 - 누구든지 하나님을 사랑하노라 하고 그 형제를 미워하면 이는 거짓말하는 자니 보는 바 그 형제를 사랑하지 아니하는 자는 보지 못하는 바 하나님을 사랑할 수 없느니라. 우리가 이 계명을 주께 받았나니 하나님을 사랑하는 자는 또한 그 형제를 사랑할지니라.

성공비법

여기서 나누고자 하는 '연애 잘하는 방법'에 관한 이야기는 하나님께 영광 돌리기 위해 거치는 것뿐인 도구적이고 소모품 같은 과정이 아닙니다. 남자와 여자가 만나서 서로 사랑하고 함께 행복하며 아름다운 가정을 이루게 되는 연애, 그 자체에 대한 이야기를 하고 싶습니다.

† 하나님과 연애 중

하나님과 우리의 관계가 마치 연애관계와 같다는 생각에 공감하시나요?3) 우리에 대한 사랑으로 창조와 심판, 광야 생활, 선지자들, 침묵, 그리고 우리를 대신해 직접 십자가를 지셨죠. 하지만 지금 하나님께서는 적잖은 실망의 시간을 보내고 계십니다. 아직도 우리의 마음을 온전히 포로로 잡지 못 하셨으니까요. 그러나 아무리 슬프고 실망해도 포기하지 않는 것이 바로 하나님의 사랑입니다.

---

3) 호세아 2:19~20 - 내가 네게 장가들어 영원히 살되 공의와 정의와 은총과 긍휼히 여김으로 네게 장가들며 진실함으로 네게 장가들리니 네가 여호와를 알리라

✝ 하나님도 힘든 연애

하나님께서는 왜 이렇게 힘든 일을 하고 계실까요? 천지 만물을 '말씀'으로 창조하신 분이시니, '말씀'을 통해 '영광'과 '구원', '심판'을 완성하고 말면 속 편하실 것 같은데……. 왜 이렇게 우리와 힘든 연애를 하고 계실까요? 하나님은 힘들지 않으실까요?

✝ 둘이 하기 때문에 힘든 연애

연애가 하나님께도 힘든 까닭은, 혼자가 아니라 둘이 해야 하는 일이기 때문입니다. 더군다나 하나님의 연애의 상대가 죄악된 인간들이기 때문이죠. 우리를 선악과를 따먹을 정도로 하나님께 반항할 수 있는 존재로 창조하신 분은 바로 하나님이십니다. 그런 우리가 온전히 몸과 마음과 영혼을 다하여 하나님을 그리워하고 사랑하고 경배할 때, 하나님의 연애는 비로소 완성되는 것입니다.

✝ 큰 뜻

큰 뜻. '하나님께 영광'이라는 절대 목표를 멋 부리듯 말로만 해서는 해결되지 않는, 연애에 관한 큰 뜻. 하나님께서는 우리들에게 서로 사랑할 수 있는 신령한 은사를 주시고 따라서 가정을 이룰 수 있게 하셨습니다. 오직 나만을 사랑하는 사람의 사랑을 받아보셨나요? 나의 사랑을 받는 것 이외에는 아무 욕심이 없는 그 사람을, 한없이 사랑하는 기쁨을 아시나요? 바로 하나님께서 기뻐하시는 아름다운 가정의 모습입니다.

한없이 사랑할 준비가 되셨나요? 그렇다면 그 사랑을 기쁘게 받아줄 수 있는 사람을 만나세요. 나의 작은 몸짓에도 숨 막힐 듯 기뻐하는, 영원히 함께 하고 싶은 사람과 연애하면서 아름다운 가정을 이룰 수 있는 가능성을 느낀다면 연애 성공입니다.

오늘 만남에 감사드립니다. 사랑합니다.
힘든 연애를 피하지 않고 잘 할 수 있는 우리가 될 수 있으면 좋겠습니다.
하나님과도 그렇게 연애하고, 하나님께서 기뻐하시는
우리의 연애도 행복하길 기도드립니다.

연애, 그 설레임과
대책 없음에 관하여

모임에서 함께 읽을 때 :
사는 곳이 제일 가까운 분이 아래의 글을 읽어 주세요.

우리 모임을 축복하시고 함께 하시는 성령님께 감사드립니다. 하나님의 사랑을 더 많이 느끼고 감격할 수 있게 도와주세요. 우리의 부모와 형제가 깜짝 놀랄 만큼 사랑하고, 온 세상이 하나님께 영광을 돌릴 만큼 사랑하며 살 수 있기를, 예수님의 이름으로 기도드립니다. 아멘.

지난 시간을 통해 연애 비법을 업그레이드하셨나요? 좀 어려웠나요? 혹시 그 효과를 확인해 보셨나요? 마음에 드는 이성을 '꼬실' 수 있는 비법이 아니어서 실망하셨나요? 남자, 여자의 유혹에 관한 책들은 이미 많이 있더군요. 우리의 사랑이 그것과 다르다면, 그 크고 영원한 사랑을 얻는 비법을 터득하셨기를 바랍니다.

오늘의 인사. " 잘 해 봅시다. ^^ "

하나님도 힘들게 하시는 연애를 우리가 하려니 당연히 힘들 수밖에 없겠죠. 그런데 아직까지 그 안에 있는 하나님의 큰 뜻과 우리의 소명을 발견해야 한다는 다소 원론적인 이야기들만 나누다보니, 여전히 답답한 마음이 남아 있을지도 모르겠네요. 지난 3장의 내용에 관해 또 다른 깨우침을 가지신 분이 계신가요? 모두에게 나눠주세요.^^

아름다운 연애의 비결은 결국 우리가 가지고 있는 아름다운 가정의 설계도를 따라가는 것이었습니다. 미인대회를 열 것이 아니라면 외모만을 추구하는 방식은 버려야겠죠. 그보다는 아름다운 가정에 어울리는 아름다운 외면과 내면의 영혼을 가꾸는 데에 힘써야 할 것입니다. 혹 하나님과의 연애를 잘 하며 살아왔다 하더라도, 사람과의 연애에는 또 다른 우여곡절이 따르기 마련입니다. 마음 깊이 꿈꾸는 아름다운 가정의 모습을 그리고, 그에 맞는 연애의 기술을 개발하여 실전에 뛰어든다면 평생 후회하지 않을 연애를 할 수 있을 것입니다.

💕 **모임에서 함께 읽을 때 :**
사는 곳이 제일 먼 분이 아래의 글을 읽어주세요.

"내게 허락하신 사람이란 것을 어떻게 알 수 있나요?" 많은 싱글들이 결혼하는 커플에게 던지는 질문입니다. "처음에 어떻게 사귀기 시작하셨어요?", "누가 먼저 고백하셨나요?" 한 번도 사귀어보지 못했거나, 연애 경험이 부족한 사람들의 풋풋한 궁금증들이죠.

🌹 정해진 내 사람은 있을까요?

정해진 내 사람이 확실히 있다면, 나는 그저 신앙훈련, 공부, 봉사, 직장에 충실하고 있을 때, 이상형보다 더 멋진 그가 순식간에 곁으로 다가온다면 얼마나 좋을까요? 짝사랑과 거절의 상실감, 삼각관계 등의 고뇌는 맛보고 싶지 않으니, 그저 괜찮은 이성과 짝 지어 주시면 감사하겠는데……. 왜 하나님은 쉬운 길을 택하지 않으시는지 궁금합니다.

휴대폰 문자 한통에 배시시 웃음 짓고, 세상 누구도 부럽지 않게 알콩달콩 사랑을 나누고, 언제나 즐거운 우리 집, 우리 가정을 함께 만들어 갈 그 사람은 도대체 어디에 있는 걸까요?

지금 만나는 사람은 내 사람 맞나요?

이성과 연애에 대해 공부하다보면, 지금 연애 중인 사람에게는 또 하나의 고민이 생깁니다. 이런 이야기들을 나누는 것은 곧 현재의 관계를 재평가하는 기회가 될 수도 있는데, 그러다 잘 사귀고 있던 사람과 헤어지게 되면 어떡하죠? 차라리 모르는 게 약일지도 모르는데… 그동안 알지도 못했던 단점들을 굳이 캐내야 할 필요가 있을까요?

'지금 만나고 있는 사람이 내 사람 맞나…….' 결혼식장에 들어서는 순간까지도 고민이었다는 사람도 많고, 결혼하고 10여 년이 지나도 여전히 고민이라는 사람까지 있더군요. ㅠㅠ. 내 사람을 단번에 알아 볼 수 있는 확실한 방법은 없을까요?

(가) 친구와 표적

1) 진짜 편하고 잘 맞는 친구, 그를 내 애인으로 만들려면 어떻게 해야 할까요? 실패할 경우 애인도 못 얻고 친구도 잃을 테니, 무조건 안 될 일인가요?

2) 기도와 말씀 묵상 중에 내 사람의 표적을 구하였고, 그 사람에게서 우연치고는 너무 잔인하도록 뚜렷한 징표를 발견했는데, 그 사람은 왜 아니라고 할까요?

(나) 조건은 어디까지 따져야 하나요?

1) 신앙, 성품, 소명, 대화와 소통, 생활습관, 자녀교육, 부모 봉양, 이런 기본적인 조건들은 반드시 따져야겠죠? 이런 것들이 서로 안 맞으면 어떡하죠?

2) 내가 가진 조건이 그와 맞지 않는다면 어떻게 해야 할까요? 학벌, 집안, 재산… 모든 면에서 그 사람이 손해 보는 것이 확실한데…….

(다) 그 마음을 알 수 없어

1) 어떻게 그 사람의 마음을 확인할 수 있을까요? 그 사람이 지금 내게 짓는 미소는 어떤 특별한 의미를 가지고 있는 것이 아닐까요?

2) 언제 내 마음을 결정하고 보여주면 될까요? 내게 고백해 오는 사람들 중에서 그럭저럭 괜찮은 사람에게 OK할까요? 아니면, 내 기준에 맞는 사람이 나타날 때 까지 NO 할까요?

(라) 나랑 꼭 맞는 사람은 얼마나 될까요?

1) 내가 성품이 좋고 사랑이 많은 사람이라면, 누구에게든 다 맞춰줄 수 있을까요? 내게 사랑이 많게 해달라고 기도드린 것은, 누구든 사랑하고 맞춰주기 위함이었을까요?

2) 학교 다닐 때, 학급의 모든 친구들에게 똑같은 관심을 갖고, 모두와 친밀하게 연락하고 만났던가요? 정말 잘 맞는 단짝은 몇 안 되고, 꼴도 보기 싫은 친구가 한 둘은 꼭 있었고, 누군지 관심도 없던 친구들도 꽤 많지 않았나요? 자기소개서에 어느 누구와도 친하게 지냈다고 적었던 것은 거짓말 아닌가요? 지금도 공평하게 모두를 사랑하지 못하는 것은 나의 부족함 때문일까요? 50명과 데이트를 한다면, 그 중에 나와 잘 맞는 사람을 만날 확률은 몇이나 될까요? 50명이 아니라, 1,000명 중의 한명도 만나기 힘들답니다.[4]

---

4) 내 마음이 계속 찾아 보았으나 아직도 찾지 못한 것이 이것이라 천 사람 가운데서 한 사람을 내가 찾았으나 이 모든 사람들 중에서 여자는 한 사람도 찾지 못하였느니라. (전도서 7:28)

(마) 내 사람의 조건

1) "아무 조건 없어요. 믿음만 확실하면 돼요." 라는 그 말, 진심일까
요? 요즘에는 이런 말 하는 사람 없나요?

2) 조건은 많은 수록 좋을까요? 아니면 적은 게 좋은 건가요? 신앙훈
련만 열심히 하고 있으면, 하나님께서 다른 조건들은 저절로 채워
주시는 것은 아닌가요?

(바) 내 사람이란 존재

1) '내 사람'과 무엇을 하고 싶나요?

2) '내 사람'이란 어떤 사람일까요?

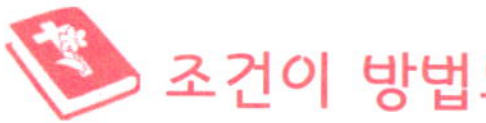

조건이 방법보다 중요

성경에 내 사람 알아보는 방법에 대해 나와 있나요? 만약 그런 구절이 있으려면, 앞으로 결혼할 커플의 숫자만큼은 있어야 할 것입니다. 모두가 똑같은 방법으로 만나게 하실 것이었다면 인류는 두 명으로 충분했겠죠. 각자가 가진 특별한 조건들은 개별적인 질문과 답변을 통해 나누기로 하고, 여기서는 우리 모두에게 공통적으로 적용할 수 있는 진리의 길을 찾아보기 원합니다. 진실하고 뜨거운 사랑을 영원히 간직하면서 아름다운 가정을 꾸려 나갈 수 있는, '내 사람'의 조건.

그리스도께서 교회를 사랑하신 것 같이 아내를 사랑하는 남편(에베소서 5:25~28), 아내를 연약한 그릇으로 여기고 귀히 여기는 남편(베드로전서 3:7), 아내를 교육해 줄 수 있는 남편(고린도전서 14:35), 이혼하지 않을 남편(고린도전서 7:11)을 원하시나요?

남편에게 순복하고(베드로전서 3:5~6), 남편을 존경하고(에베소서 5:33), 남편을 신뢰하고 선을 행하며 산업을 살리는 진주보다 귀한 현숙한 여인(잠언 31:10~12), 자녀를 사랑하고 집안일도 잘하는 여인(디도서 2:4~5)을 원하지 않으시나요?

지금 당장은 눈앞의 로맨틱한 데이트 상대에게 정신없이 빠져들 수도 있겠지만, 결국 그 시간은 흐르고 정신이 바짝 드는 순간이 옵니다. 결혼하고 난 뒤에야 깨달음을 얻으면 아주 큰 일이 발생할 지도 모릅니다. 야곱이 요셉을 편애해 일어난 형제들 간의 시기와 인신매매(창세기 37:4~36), 아벨의 제사만 받아들여진 것에 대한 가인의 시기와 살인(창세기 4:3~8), 다른 집 아내에 대한 욕정으로 인한 다윗의 간음과 살인(사무엘하 11장). 이 죄악들은 모두 하나님을 전혀 모르는 이방족속들의 것이 아닙니다.

이처럼 하나님을 안다 하면서도 시기와 질투, 미움, 불공평, 부정한 욕정 등으로 인해 힘들어하는 가정이 많습니다. 이와 같이 부정한 마음을 가진 사람은 우선적으로 내 사람의 후보에서 제외해 두어야 할 것입니다. 이제 조금은, 내 사람의 범위가 좁혀졌겠죠?

 마지막 조건, 당사자의 마음

리브가가 낙타에게 물을 준 것은 기도 응답의 징표로, 낙타와 물로 인해 리브가의 혼사가 결정된 것은 아니었습니다. 먼저 오빠 라반과 아버지 브두엘에게 동의를 구하였고(창세기 24:49), 리브가 본인에게도 선택권을 주었습니다(창세기 24:58). 하나님께서는 어느 누구라도 결코 억지로 끌고 가시지 않습니다. 따라서 우리 역시 누군가를 억지로 끌고 올 수 없는 것입니다. 나만의 이끌림과 징표를 가지고 상대를 힘들게 하면, 아픈 추억과 함께 부끄러움만 남게 될지 모릅니다.

모임에서 함께 읽을 때 :
깨달음의 경지에 다다른 분이 아래의 글을 읽어 주세요.

새로 온 형제, 자매를 소개하는 시간. "이번에 새로 온 형제(또는 자매)는 누구의 짝입니다." 누군가가 이렇게 정해준다면 어떨까요? 안타깝게도 기독교 안에서는 절대 이런 일 없습니다. 그래서 우리 아름다운 청년들은 답답합니다. 하나님의 뜻에 따라 절제와 겸손과 온유로 신실한 삶을 살면, 좋은 배우자는 알아서 마련해 주시면 좋으련만… 설레는 마음 하나만으로는 어떻게 해야 할지 알 수가 없습니다.

† 큰 나를 세우고, 조건 세우기

아무리 움직이지 않는 물체도 내가 흔들리는 상태에서 본다면 역시 흔들려 보이겠죠? 그러니 내가 먼저 온전히 서야 합니다. 나를 온전히 세우는 것은 무엇일까요? 하나님과 동행하는 신앙의 기반 위에, 멋진 외모와 학벌, 직업, 유머와 데이트 기술까지 겸비한다면 좋긴 하겠죠? 그러나 여기에는 무척 중요한 것이 하나 빠져 있습니다. 신앙만으로 살아가는 독신 선교사나 데이트 기술만 발달한 바람둥이로 살고자 하는 것이 아니라면, '내 사람'과 함께 평생을 행복하게 살 수 있는 조건을 갖추는 것이 무엇보다 중요합니다. 내 사람과 어떻게 살고 싶은가요?

아무 조건 없이 믿음만 좋으면 된다고 생각하는 사람이 있다면, 어서 그 생각을 고치시기 바랍니다. "주 너의 하나님을 사랑하고, 너의 이웃을 네 몸 같이 사랑하라(마가복음 12:30~31)"라는 예수님의 말씀. 하나님에 대한 사랑과 신앙만으로 사는 것은 하나님의 뜻이 아닙니다. 배우자와 자녀, 가족과 가정은 신앙생활의 부속품이 아닙니다. 가정은 바로 하나님이 기뻐하시는 교회, 천국의 작은 모습과도 같습니다. 우리 각자는 그러한 가정을 위한 조건을 세워야 하는 것입니다. 그 조건에 맞는 사람이 바로 내 사람입니다.

† 연애 따로, 결혼 따로

보통 '연애 따로, 결혼 따로'라고 하면, 연애는 로맨틱하게 하고 결혼은 현실적인 조건을 따져 해야 한다는 얘기로 통하죠? "사랑이 밥 먹여 주냐"는 거죠. 결혼을 이처럼 투자와 손익 계산으로 따지는 것에는 반대지만, 연애 상대와 무조건 결혼할 필요는 없다는 생각에는 동의합니다. 연애는 함께 하는 시간을 통해 상대가 평생을 함께할 동반자로서 적합한지 여부를 판단해야 하는 것입니다. 현명한 판단을 하기 위해서는 저마다 명확한 기준을 가지고 있어야 하며, 상대방을 그 기준에 맞춰보기 위해서는 진지하게 연애를 해봐야 합니다.

† 100% 확실한 투자, 기도

내 사람에 대한 기준을 철저하게 세워놓고 이 사람 저 사람 만나다보면 내 사람을 찾게 될까요? 내 사람을 찾기 위한 좀 더 확실한 투자는 없나요? 기도. 배우자를 위한 기도는 땅에 떨어지는 법이 없습니다. 지금까지 배우자에 대한 기도와 그 결실에 대한 수많은 간증들을 들어봤습니다. 많은 형제, 자매님들께서 내 사람을 찾기 위해 성심성의껏 기도를 드리고 그에 응답을 받았습니다. 심지어 '키'를 빼놓고 기도 안했더니, 바라던 내 사람을 만났는데 '키'는 작더라는 간증도 있었습니다(^_^). 믿음의 분량대로 열심히, 욕심껏 기도하세요. 하나님께서 그 기도제목들을 채우시고 조정하시며 그 뜻을 보여주실 것입니다.

상대방의 신앙, 건강, 가족, 생활습관, 친구, 직업, 유머, 순결 등 믿음 안에서 합당한 모든 것을 구하시기 바랍니다. 아들이나 형제도 없이 혼자 억척스럽게 살면서 자기 부에 만족하지 않는 사람(전도서 4:8)과 산다면, 돈은 좀 구경할 수 있을지 몰라도 사랑의 가정은 얻기 힘들 것입니다. 그러니 당신이 정말 바라는 사랑과 행복의 가정의 모습을 떠올리며 기도해야 합니다. 지금 어딘가에서 당신의 기도로 무럭무럭 자라고 있는 여러분의 '내 사람'이 멀지 않은 어느 날 그 열매로 여러분에게 보답할 것입니다.

† 끝까지 여러 사람을 만나기

신앙훈련만 열심히 하다가, '단 한 사람 = 내 사람'을 만나서 우여 곡절 없이 단번에 결혼에 성공하면 좋기는 하겠죠? 하나님의 인도하심을 따르지 않는 사람들 중에는, 어릴 적 단번의 연애로 결혼했다가 생각지 못한 '후폭풍'에 고생하는 경우도 많다고 합니다. 단순히 그런 일을 막기 위해서가 아니라, 우리가 원하는 아름다운 가정을 꾸리기 위해서 여러 사람을 만나보는 것을 적극 추천합니다. 다양한 사람들과의 만남을 통해 나와 맞는 사람과 맞지 않는 사람을 구별할 수 있게 되고, 상대방과의 관계 속에서 내 역할이 무엇인지를 알게 됩니다. 다른 사람과의 만남 속에서, 그 마음고생과 기도의 시간 속에서, 우리는 '내 사람'을 알아 볼 수 있게 성장합니다. 지금 만나고 있는 사람이 있다면, 하나님의 확실한 뜻으로 이루어진 만남이니 최선을 다해 만나보시기 바랍니다. 어떤 만남이라도 중간에 포기해버리면, 평생을 미혼으로 살거나 무척 힘든 가정생활을 하게 될지도 모릅니다.

✝ 내 사람의 필수 조건

하나님과	깊은 사랑의 교제를 나누고 있을 것. - 영혼이 어긋나는 것은 우주가 깨지는 것.
상대에게서	받은 사랑을 세어볼 수 있는 능력을 갖출 것. - 받은 사랑에 감사하면 주는 것은 당연해지니.
언어에	사랑과 감사의 표현이 풍족히 있을 것. - 불만에 찬 언어의 사용이 많다면 다시 생각해볼 것.
상대방을	충분히 이해하는 능력을 갖출 것. - 상대를 이해하려면 끝까지 '들어야' 하는 것. - 끝까지 들어도 동의할 수 없을 때는 단호하게…….
문제를	논리적으로 토론하여 해결할 수 있는 능력을 갖출 것. - 서로의 감정까지 존중하는 감성적 논리가 필요함.
일상에서	죽고 사는 문제가 아니면 양보하고 배려할 것. - 치약 때문에 싸우는 것은 치약 낭비가 아니라 　인생 낭비임. 마지막에 모아서 한꺼번에 짤 것.
함께 하면	기쁨이 충만해지고 미래를 꿈꿀 수 있을 것. - 다툼과 고통뿐인 인생을 꿈꾸지는 말것.
우선순위	가정, 자녀 양육, 일의 우선순위를 확인할 것. - 가정이 뒤로 밀리면 가족 모두가 몹시 힘들어짐.
술, 담배	담배는 자신과 남에게 모두 해로움. 용납불가. - 신체는 건강하되 술은 즐기지 않을 것.
건강 검진	건강한 육체를 가장 큰 선물로 선사할 것. - 무모함으로 평생 큰 고통을 주지는 말 것.
경제 능력	돈은 있다가도 없고, 없다가도 있는 것. - 무책임, 불성실, 거짓되다면 대책 없음.

† 내 사람의 기쁨

나만을 사랑하고 내게 사랑 받는 것 이외에는 아무런 다른 생각 없는 사람(애드거 엘런 포우, '에나벨리') 그 기쁨을 아시나요? 밤새 잘 자고 새벽에 눈을 뜨면 내 품에 안겨 새근새근 잠이 들어있는 내 사람. 고요한 숨소리, 어디선가 조용하게 들려오는 시계소리와 함께 뒤척이는 그 사람. 지나가는 나그네에게 물 한잔 베푸는 것도 큰 기쁨이지만, 갈증에 뒤척이는 그 사람에게 물 한잔을 건네고 꿀꺽꿀꺽 물을 삼키는 소리를 듣다보면 내 가슴이 꿈틀꿈틀 울렁이는 것이 느껴지죠. 고요한 새벽에 한없이 기쁜 마음으로 잠 들어 있는 그를 바라볼 수 있는, 그런 가정을 꾸려 사는 것은 남녀가 그냥 같이 잔다고 되는 일이 아닙니다. 내게 잘 맞는 짝은 정해져 있습니다. 하나님께서 그렇게 만들어가고 계시니까요.

오늘의 만남에도 감사드립니다.
우리의 만남에 늘 성령님께서 함께 해 주시고,
축복하시며 인도해 주시니 감사드립니다.

연애, 그 설레임과
대책 없음에 관하여

05. 성 - 스킨십, 혼전순결, 음란, 자위

모임에서 함께 읽을 때:
극장에서 제일 야한 영화를 보신 분이 아래의 글을 읽어주세요.
야한 영화의 기준? 다수결로 정하세요.

우리를 사랑하시기에 독생자를 아낌없이 보내주시고, 십자가에 달리시기까지 우리를 사랑하신 주님, 사랑합니다. 그 사랑에 대한 감격으로 우리 곁에 있는 이와 이웃을 사랑하고, 주님을 더욱 더 사랑하는 우리가 되기를 간구합니다. 우리의 모임이 이기적 쾌락을 추구하는 연애 모임이 되지 않도록, 거룩하신 성령님께서 함께해 주세요. 예수님의 이름으로 기도드립니다. 아멘.

지난 장의 '내 사람 알아보는 비법' 어떠셨나요? 명확한 기준을 세우고 세상을 보니, '내 사람'이 보이던가요? 당신 주변의 수많은 사람들 중에 딱 한사람, 당신의 그 사람이 있을지도 모릅니다. 혹시 그 안에 없더라도 실망하지 마세요. 그 보다 더 멋진, 당신의 이상형을 뛰어넘는 당신의 짝이 예비 되어 있으니까요. 이상형보다 더 멋진 그 사람을 만날 준비하세요.

오늘의 인사. " 나는 많이 부족하지만, 사랑합니다. ^^ "

내 사람에 대한 완벽한 조건을 세워놓고 보니, 이제는 내가 너무 부족하게 느껴지지는 않나요? 내 주제에 당치도 않은 욕심을 부리고 있다고 자책하며 우울해지지 않나요? 바로 그 사람을 발견하고 보니 나는 너무 부족한 사람인지라 눈물만 흘리게 되나요?

혹시 '내 사람'을 알아보는 방법에 관해, 다른 깨달음이 있으신가요? 그 비법을 나눠주세요.

하나님의 위대하심과 크신 사랑을 알아가는 만큼 나의 작음을 보게 됩니다. 그의 조건과 사랑이 완벽함을 알아가는 만큼 나의 부족함을 느끼게 됩니다. 그러면서 더 감사드리게 되고, 조금이라도 더 큰 사랑을 주고 싶어지고, 그렇게 돌려 준 사랑이 다시 어마어마한 사랑으로 되돌아옵니다.

💕 모임에서 함께 읽을 때 :
극장에서 야한 영화를 한 번도 안 본 분이 아래의 글을 읽어 주세요.
(혼자 집에서 몰래 본 것 제외.)

드디어 올 것이 왔습니다. ^^

❧ Sex가 재미없다면?

Sex가 재미없어서 손만 잡고 잤다면, 인류는 멸망 했을 지도 모릅니다. 우리에게는 호흡의 본능과 식욕과 수면욕이 있듯이 성욕도 있습니다. 하나님께서는 남녀를 둘로 창조하시고 '한 몸'을 이루라고 하셨죠.

자꾸만 눈길이 가고 얼굴이 화끈거리고 생각이 깊어지는 것은 당연한데, 마음껏 표현하면 안 될 것 같죠? 애인과는 신체 접촉이 가능하지만, 넘지 말아야할 선이 있다는데요. 그 선이 무엇인지 궁금합니다. 많은 기독 청년들, 그 중 리더라는 사람들조차 혼전 성관계와 임신 등의 문제에서 자유롭지 못합니다. 그렇지 않다면 이 부분은 가볍게 내숭떨면서 넘어가도 좋을 텐데요. 매우 민감하고 조심스럽습니다.

만족하는 Sex, 그리고 그 이상의 사랑

　　연애와 결혼이 Sex만을 위한 것은 아닐 테지만 어느 무엇보다 호기심이 많고, 깊은 단계에 들어가면 불안함과 죄책감을 느끼기도 합니다. 연인 사이에서의 넘어선 안 되는 선이란 참 애매하죠. 단 둘이 있는 것을 무조건 막을 수도 없고, 손도 못 잡게 할 수도 없고, 서로의 눈과 입술과 신체를 보지 못하게 막을 수도 없으니까요.

　　Sex 그 이후에는 무엇이 있을까요? Sex가 우리 사랑의 끝은 아니겠죠? 신혼여행에서 며칠 동안 방에서 나오지도 않았다고 하면, 보통 사람들은 야유하면서 부러워합니다. 평생을 그렇게 살면 재미있을까요? 하나님께서는 부부의 사랑에 Sex라는 은밀하고 뜨거운 것을 만들어 놓으셨습니다. 결혼을 준비하는 연인이라면, 결혼과 Sex, 그리고 그 후의 사랑에 대한 설계가 필요하지 않을까요? Sex에 관해서도 하나님과 솔직하게 대화해보고 싶습니다.

성욕과 Sex에 관한 이야기가 불편하시거나
그것에 대해 아무런 관심도 욕구도 없는 분이 계신가요?
혹 그렇다 해도, 다른 사람들이 나누는 솔직한 이야기들에 대해
'속물' 이라고 비난하지는 마시길 바랍니다. 모든 사람은 서로 다르니까요.
이 대화를 나와 다른 사람들을 이해하는 기회로 삼아보세요.
다른 사람을 이해하는 마음과 기술은 성공적인 연애와 결혼을 위한 필수 조건입니다.

언젠가 당신의 소중한 그 사람이
당신이 생각지 못한 무엇인가를 당신에게 요구할 지도 모르는데,
그 때 그를 이해하지 못한다면 더 많은 고민에 빠지게 될지도 모릅니다.

어떤 대책이 있나요?

(가) 함께 있고 싶긴 한데

1) 애인과 스킨십이 깊어지면 무엇이 달라지나요? 손을 잡아도 되는
   때는 언제일까요? 어디에서, 어떤 마음일 때?

2) 애인과 스킨십 문제로 자꾸 다툰다면, 차라리 만나지 않는 게 나을
   까요? 키스는 어느 단계가 되면 해도 될까요?

(나) 혼전 성관계도 임신됩니다.

1) 결혼 전에 임신을 한다면, 우리 인생은 어떻게 뒤엉킬까요?
   그냥 낙태하면 그만인가요? 남자라고 자유는 아니겠죠?

2) 남자여, 사랑하는 여인이 결혼 전에 당신으로 인해 임신했다면, 그
   고통을 어떻게 해결해 줄 수 있나요? 피임을 하더라도, 성관계 후
   다시 생리가 시작될 때까지 얼마나 깊은 불안에 잠기는지 생각해
   본 적 있나요?

(다) 성욕이 안 맞으면

1) 나는 성욕이 좀 강한 편인데 애인이 전혀 없거나, 반대의 상황이라
   면 결혼해도 될까요? 결혼 후에는 잘 맞을까요?

2) " Q. 포르노 보나요? 자위 하나요? 몽정 하나요? 성욕은 얼마나
   있나요? " 이런 질문을 결혼 전에 애인에게 물어봐야 할까요? 애인
   의 답변이 '전혀 안함'이라면 좋을까요?

(라) 죄악

1) 혼전성관계는 죄이지만, 원천적으로 막을 수 없을 만큼 많이 존재
   하는 현실이라면, 피임이라도 제대로 가르쳐야하지 않을까요? 너무
   도 명백한 현실인데, 모두들 외면하는 척 하면서도 끊을 수 없는
   관심으로 끌려가고 있는 현실을 어떻게 해야 할까요? 명백한 죄니
   까, 피임도 안 되는 걸까요?

2) 담배는 끊을 수 있지만 성욕을 끊을 수는 없죠? 성욕 때문에 자꾸
   죄를 짓게 된다면, 성욕 자체를 제거해 달라고 기도해도 될까요?
   회개와 죄사함의 은혜는 믿지만, 성욕에 대해서만은 굳게 결심한
   것이 매번 무너져버리지 않나요? 결혼하면 해결 될까요? 그렇다면
   결혼할 때까지 회개도 포기해야 할까요?

(마) 밝히는 사람

1) 애인에게 자꾸 엉큼한 짓을 하는 사람은 인간성도 나쁠까요? 전혀
   '안 밝히는' 사람은 신뢰할 수 있는 사람일까요?

2) 예전에 좀 놀았다 싶은 사람은 결혼 후에도 바람을 피울까요? 바람기 있는 사람은 어떻게 알아 볼 수 있을까요?

(바) 성욕의 억제와 개발

1) 학교나 교회 혹은 다른 단체에서 받았던 성교육 중에 기억에 남고 유익했던 것은 어떤 것이 있나요?

2) 교회, 학교에서 미혼 청년들에게 '성 능력' 개발에 관해서는 가르쳐주지 않죠? 그저 왕성한 혈기를 막기 바쁠 뿐이죠. 우리에게는 정말 아무런 준비도 필요하지 않을까요? 결혼하면 저절로 다, 잘 될까요?

♥♥ 성에 관련하여, 고민이나 어려운 문제들은 개인적 차이가 있을 수 있는데,
다 같이 모인 자리에서 모두 다룰 수는 없을 것 같아
수위가 높은 것들은 제외하였습니다.
여기서는 우리에게 있는 문제들을
조금씩 꺼내 보는 것으로 만족해야겠습니다.

모임에서 함께 읽을 때 :
이번 주에 성경말씀을 제일 많이 읽은 분이 아래의 글을 읽어 주세요.

함께 있고 싶은 마음

사랑한다면 함께 있고 싶은 것은 당연합니다. 예수님께서 제자들을 부르신 첫 번째 목적이 '함께 하기 위함'이고(마가복음 3:14), 바울 서신서에도 함께 있고 싶다는 말씀이 많이 나오며, 사람들이 예수님의 만져주심을 바라며 어린 아이들을 데려오는 모습에 대한 말씀도 있습니다(마가복음 10:13). 구약과 신약 전체에 흐르는 하나님의 마음은 우리와 기쁜 사랑을 나누면서 영원히 함께하고 싶은 그것이라고 확신합니다.

 성욕과 음란한 죄

첫날밤 처녀가 정결하다고 하시고(신명기 22:13~21), 간음은 죄악이라고 수 없이 기록되어 있습니다(잠언 5:3~20). 음란은 몸에게 죄를 짓는 것이고(고린도전서 6:13~20), 음욕을 품고 여자를 보는 자는 이미 간음한 것이라고 하셨죠(마태복음 5:28). 과연 이런 죄로부터 자유로운 청년이 얼마나 될까요? 우리가 범죄하지 아니하였다 하면 하나님을 거짓말하는 이로 만드는 것이라고 하셨으니(요한1서

1:10), 결국 모든 사람이 음란의 죄를 지었다는 뜻일까요? 아니면 다른 죄는 지어도 음란의 죄는 짓지 않는 사람도 있을까요?

음란한 여자는 재산뿐 아니라 생명까지 도둑질해가며(잠언 6:26), 음란한 여자의 꼬임에 지옥행 급행열차를 타게 됩니다(잠언 7장). 젊어서 취한 아내를 즐거워하고, 그 품을 항상 만족하게 여기며 그의 사랑을 항상 연모하라고 하십니다(잠 5:18~19). 죄를 짓는 자는 죄의 종입니다(요한복음 8:34).

 ## 돌로 쳐 죽일 죄

약혼하거나 결혼한 자가 다른 사람과 동침하면 죽이라고 하셨고, 성 안에서 강간당하는데 소리 지르지 않은 여인과 남자 모두 돌로 쳐 죽이라 하셨으며, 들에서 강간당한 여자는 죽이지 말라고 하셨습니다(신명기 22:22~27) 죽인다는 것은 회개의 기회를 주지 않으신다는 것이죠. 만약 처녀를 꾀어 동침하였으면, 신부의 몸값을 주고 평생 아내로 삼아야 하며, 버릴 수 없다고 하셨습니다(출애굽기 22:16, 신명기 22:28~29)

 ## 정욕은 피하고, 결혼은 하고.

청년의 젊음은 아름다운 것입니다. 하나님께서는 우리에게 젊음을 마음껏 즐기라고 하십니다. 그러나 동시에 하나님의 심판이 있다는 것을 기억하라고 하셨죠(전도서 11:9). 청년의 정욕은 피하고 주를 깨끗한 마음으로 부르는 자들과 함께 의와 믿음과 사랑과 화평을 따르라고 하십니다(디모데후서 2:22). 그리고, 하나님께서는 음란에 빠

지지 않기 위해 결혼하고, 절제할 수 없으면 결혼하라고 하셨습니다 (고린도전서 7:2~9).

회개와 용서

천만 다행입니다. 그리스도 예수 안에 있는 자에게는 결코 정죄함 없다고 하셨고(로마서 8:1~2), 우리가 우리 죄를 자백하면 모든 불의 에서 깨끗하게 하실 것이며(요한1서 1:9), 우리 죄가 주홍 같을지라 도 눈과 같이 희어질 것이라고 하셨습니다(이사야 1:18). 예수님께서 는 간음하는 현장에서 잡힌 여인을 용서하기도 하셨죠(요한복음 8:3~11). 죄 지은 우리에게 회개하고 용서받을 수 있는 기회를 주심 은 하나님의 가장 큰 축복입니다.

공동체 안에서 서로를 보살피는 것 역시 중요합니다. 만일 무슨 범죄한 일이 드러나거든 신령한 우리는 온유한 심령으로 그러한 자를 바로잡고 자신을 살펴보아 나 역시 시험을 받을까 두려워하라고 하셨 고, 서로의 짐을 지고 그리스도의 법을 성취하라고 하셨습니다(갈라 디아서 6:1~2). 우리 지금 이 순간 이후로는 죄 짓지 맙시다.

큰 비밀

부모를 떠나 아내와 합하여 그 둘이 한 육체가 되는 이 비밀이 크 다고 하십니다(에베소서 5:31~32). 남자와 여자 사이에는 생육하고 번성하는 것과 쾌락을 느끼는 것 이상의 크고 신비롭고 비밀한 일이, 남과 여의 성 사이에 있는 것입니다.

성공비법

우리가 여기서 '스킨십, 혼전순결, 음란, 자위, 친밀감'에 대해 이야기하는 이유가 무엇일까요? 이것들은 '문제'니까, 해결하기 위함인가요? 왜 문제인가요? 왜 하나님은 죄라고 하셨나요? 무조건 피하는 것이 아닌, 적극적으로 성취하는 진리를 찾고 싶습니다.

† 관계 성(性)

성의 문제는 관계의 문제입니다.

1) 하나님과 나와의 관계 속의 성
2) 나와 애인과의 관계 속의 성
3) 나와 가족과의 관계 속의 성
4) 나와 이웃, 주변 사람과의 관계 속의 성
5) 나 자신의 건강과 성

위의 모든 관계가 편안해야, 아무 문제가 없는 것이겠죠?

성으로 하나님께 죄를 범하는 것도 문제지만, 연인관계가 악화되고 깨어지는 것에 대한 대책이 없는 것도 큰 문제입니다. 각자가 연애와 스킨십과 성에 대한 준비가 안 되어 있다면 서로간의 관계 역시 당혹스런 상태에 빠지게 됩니다. 성에 대한 확실한 가치관과 기준을 정립하지 못한 채 모든 것을 욕망에 내맡겨버렸다가는 걷잡을 수 없는 상황이 발생할 수도 있겠죠. 애인이 없을 때에는 기회가 전혀 없다가, 상대가 생기니 좋은 나머지 너무 막 가는 것도, 너무 안 가는 것도, 너무 못 맞추는 것도 문제입니다.

'성'으로 인해 최고로 친밀한 관계가 맺어지기도 하고, 기존의 관계가 깨어지기도 합니다. 하나님께서는 인간과 인간 사이의 관계가 무척 친밀하되 질서가 있기를 원하시어, 다양한 관계와 질서 속에서의 성을 창조하셨습니다. 부부의 성, 가족의 성, 애인의 성, 이성의 성, 친구의 성, 모르는 사람 간의 성.

† 관계를 원하시는 하나님

우리가 음란한 것에 몰입하고 성관계가 문란해지면, 하나님께는 어떤 문제가 생기는 것일까요? 우리의 음란이 하나님 나라의 질량보존 법칙을 깨는 것도 아니니, 하나님의 창조세계에 손해를 끼칠 일은 없을 것 같은데요. 음욕도 품지 말라고 하셨다는 그 말씀만 붙들고 명령에 충실히 따를 수 있던가요? 과연 하나님께서 뜻도 모르고 무조건 따르는 우리 모습에 기뻐하실지 의문입니다.

이제 하나님의 마음을 느껴보고자 합니다. 하나님께서는 이미 제사에는 싫증이 나셨다고 하셨고(이사야 1:11), 제사는 양심을 깨끗이 할 수도 없고 새로운 제도를 세울 때까지의 외적인 의식에 불과한 것이라고 하셨습니다(히브리서 9:9~10). 그리고 제사보다는 고아와 과부를 돌보라고 하십니다(이사야 1:17). 우리가 고아와 과부를 돌보면 하나님께 어떤 득이 있습니까? 왜 하나님께서는 자신보다 인간들의 관계에 더 관심을 가지실까요?

출애굽한 백성들과 모세를 대하시는 하나님의 태도에서는 너무도 극명한 차별을 볼 수 있습니다. 이스라엘 백성도 하나님의 백성이라고 하시지만, 그들의 불평에는 무진장 분노를 내십니다(민수기 11:1). 하지만 모세의 불평은 다 들어 주시죠(민수기 11:11~15). 사실 이러한 차별의 사례는 성경에 수없이 많습니다. 공의로운 하나님의 또 다른 면이죠. 왜 차별하실까요? 다름 아닌 그들과의 '관계' 때문입니다. 예수님의 재림도 예수님을 기다리는 관계에 있는 사람들을 위한 것입니다(히브리서 9:28).

십계명을 아무리 자세히 봐도, 하나님에게 손해나 위험을 끼칠만한 계명은 없죠. 1~4계명은 하나님과의 관계에 관한 율법이고, 5~10계명은 인간 사이의 관계가 잘 유지되기를 바라시는 내용의 율법입니다. 하나님께서는 역시 우리가 하나님과의 관계를 소중하게 여기길 바라시는 것이 아닐까요?

하나님과의 관계를 느끼면서, 하나님 앞에서 정결하게 되는 방법을 배워나갑니다. 그 분과 사랑을 나누는 데에 방해되는 것은 모두 죄악이고 부정한 것입니다. 그와 마찬가지로, 하나님께서는 인간 사이의 관계에 방해가 되는 것 역시 모두 죄악이라고 하셨습니다. 그 중에 제일이 간음입니다.

✝ 돌로 쳐 죽일 죄와 몸값을 치룰 죄

　도적질해서 손해를 입힌 것은 그만큼의 돈이나 물건을 갚는 것으로 보상할 수 있습니다. 그렇다면 음행은 어디에 손해를 입힌 것이며 어떻게 보상할 수 있을까요? 음행은 몸에 죄를 짓는 것이라고 하셨는데(고린도전서 6:13~20), 그렇다면 담배, 마약, 게으름도 모두 죄가 되겠죠? 만약 누군가를 때렸다면, 때린 만큼 맞아주면 될 텐데(레위기 24:20, 신명기 19:21), 음행에 대해선 어떻게 값을 치룰 수 있을까요?

　약혼하거나 결혼한 자와 동침한 자, 강간한 자, 성 안에서 강간당한 여자는 돌로 쳐 죽이라고 하셨습니다(신명기 22:22~27). 이들은 기존의 관계를 깨뜨린 것이기 때문에 죽음으로 마무리해야 할 만큼 큰 죄입니다. 이미 깨져버린 관계에는 개선의 여지가 없습니다. 이 세상에는 이런 범죄를 저지르고도 살아있는 사람들이 많이 있지만, 그것은 돌 던져야 할 사람들에게 죄가 많기 때문이 아니라, 하나님께서 자비와 긍휼로 기다려 주시기 때문입니다. 누구든지 죄에 빠져 있다면 지금 즉시 회개하세요.

　처녀를 꾀어 동침하였으면, 신부 몸값을 주고 평생 아내로 삼으라고 하셨습니다(출애굽기 22:16, 신명기 22:28~29). 아직 기존의 관계가 형성되어 있지 않으므로 개선의 여지가 있는 것입니다. 하지만 이 역시 부정한 짓을 저지른 사실은 변하지 않으므로 평생 버릴 수 없다고 하셨습니다.

† 축복 성(性)

성에 관한 하나님의 축복을 확신함으로써 하나님께서 기뻐하시는 관계의 성은 담대하게 누리고, 하나님께서 싫어하시는 관계의 성은 과감히 물리쳐야 하겠습니다. 하나님께서는 우리의 성을 통해 제사나 경배를 드리라고 하신 적이 절대 없습니다. 성에 관련된 율법은 인간과 인간 사이의 관계에서만 적용되는 것이죠. 하지만 우리가 오늘 만나는 모든 사람과 성적인 관계가 생기는 것은 아니죠? 각각의 관계에 따라 그 종류와 친밀한 정도가 다르기 때문에, 각각 적용되는 규칙이 따로 있습니다. 성적인 관계에는 여러 종류가 있습니다. 여러 사람들이 모인 집회 시간에 서로 사랑하자는 의미로 옆 사람을 껴안아 주는 순서가 있을 때가 있습니다. 그 때 대부분의 사람들이 이성은 피하고 동성끼리 껴안는 경우가 많습니다. 나이가 좀 많고 기혼이며 아주 친한 사이인 경우에는 간혹 다른 이성 부부와 껴안기도 하더군요. 집회 시간에 동성끼리는 쉽게 껴안는 것도, 성으로 인해 형성된 관계의 일종입니다. 동성 간에 옷을 벗은 상태로 껴안으면 바로 죄가 되겠지요. 이성과는 악수조차 조심하는 것도 성관계입니다.

여러 형태의 성관계 중에서, 연인의 성관계는 결혼과 가정을 준비하는 생명과 축복의 성관계입니다. 가장 소중한 것으로 구분지어 놓은 것이 없다면, 가장 소중한 사람과 나눌 수 있는 것이 없습니다. 길거리 모든 사람과 인사하지 않죠? 안다고 누구하고나 악수하지도 않죠? 악수한다고, 포옹하는 관계는 아니죠? 포옹한다고 뽀뽀하지는 않죠? 문화적으로 뽀뽀까지도 일상 인사로 하는 사회도, 같은 침실을 쓰는 세상에서 유일한 존재는 따로 있습니다.

많을수록 축복인 것이 있기도 하지만, 세상 유일한 것이 축복인 것이 연인의 사랑입니다. 남녀 공학, 심지어 초등학교 어린이라 해도, 1:1로 교제하는 것을 원합니다. 1:2만 되어도 인생 무지하게 복잡해집니다. 1:3 이상이 된다고 해서 만족도가 올라가는 것도 아닙니다. 머리와 마음만 복잡해집니다. 1:1을 원하는 것이 우리의 본능입니다. 그렇게 1:1로 나눌 수 있는 것을 설계해 두신 하나님의 축복에 감사드립니다. 이 세상 그 누구와도 나눌 수 없도록 하시면서, 이 세상 단 한 사람과 믿음과 신뢰와 기쁨으로 마음껏 나눌 수 있도록 하는 극적 반전의 기쁨을 누리게 하심을 감사드립니다.

† 창조 성(性) - 하나님의 솜씨

진화론자들에게 묻고 싶습니다. 성의 신비로움이 우연한 진화의 결과인가요? 그것이 만약 정말 '우연'이라면, 그 우연은 인류 최고의 과학자보다도 훨씬 뛰어난 '설계'와 '제작' 능력을 갖춘 것이 분명합니다. 이러다가 앞으로는 우연히 악수하다가 아기가 생길 수도 있을까요?

우리 안에 있는 성에 대해 깊이 생각하면 할수록, 하나님의 놀라우신 창조섭리를 느끼게 됩니다. 평생을 노력해도 이루지 못하는 일들이 많은데, 우리에게 무슨 능력이 있기에 하룻밤 사이에 생명체가 탄생되는 것일까요? 우리의 섹스는 하나님의 위대한 창조의 도구입니다. 이 신비로운 축복을 경험해 보지 못하고는 하나님의 사랑을 반도 모르는 것입니다. 성에는 생육하고 번성하는 신비로움은 물론이고, 사랑으로 느끼는 엄청난 기쁨, 쾌감, 오르가즘의 비밀이 있습니다. 우리가 야하게 느끼고, 유혹적이라고 느끼는 여성과 남성의 신체 역시 하나님께서 그토록 매혹적으로 만들어 놓으셨기 때문에 거부할 수 없는 것입니다.

† 접촉 성(性) - 존중과 배려의 스킨십

성은 관계 중에서도 가장 친밀한 관계라고 할 수 있습니다. 최고로 친밀하기 때문에 최고로 존중하고 배려해야겠죠. 어떤 사람은 연애하는 동안 스킨십을 하지 않는 것이 상대에 대한 배려라고 생각할 수도 있겠지만, 성의 친밀함 안에서 만나는 연인관계라면 분명 어느 정도의 스킨십이 생기기 마련이죠. 마음을 열고 만나던 상대와 처음으로 손을 잡는 순간의 황홀함을 아시나요? 그것은 말로만 하는 사랑으로는 절대 알 수 없는 것입니다.

물론 스킨십 그 자체도 즐겁지만, 그 과정을 통해 서로에 대한 배려와 상대를 아끼는 마음, 건실한 성품을 확인할 수 있어야 합니다. 자신의 욕정만을 채우기 위한 무례한 스킨십과, 배려가 담긴 사랑의 접촉은 완전히 다릅니다. 이것을 구분하지 못한다면 둘의 관계는 큰 고통과 위험에 빠질지도 모릅니다. 사랑하는 사람과의 스킨십은 행복해야 합니다. 이 부분이 서로 너무 맞지 않아서 불편, 또는 불쾌하거나, 한쪽이 심각한 불감증을 경험하는 등 서로 균형이 맞지 않는다면 개선의 여지를 심각하게 검토해 봐야 할 것입니다.

† 사회 성(性) - 모두 함께 사랑하기

사람들 간의 성 질서가 무너지면 사회 전체가 무너질 수 있습니다. 부부의 틀도, 자녀를 보호해주는 가족의 틀도 없이, 지나가다 눈 맞으면 아기가 만들어지는 집단이라면, 아무도 마음 놓고 살 수 없을 것입니다. 부부로 구성되는 성의 기본질서는 나와 부부와 사회 모두를 위한 질서이고, 성경의 기본 뜻입니다. 많은 이단들의 큰 문제점 중 하나가, 교주의 정욕을 채우기 위한 교리에 있습니다. 그 안에는 사랑이 없는 거죠.

우리 사회의 성문화는 어떤가요? 점점 무질서해지고, 나만의 쾌락을 위해 공동체의 기본질서를 무시하고, 사람의 인격과 존엄은 물론, 생명까지도 짓밟는 일이 많아지고 있습니다.

성교육의 시작은 나와 남의 성을 모두 존중하고 사랑하고 아끼며 (마가복음 12:29~31), 사회 전체가 안전하고 모두가 만족할 수 있는 성 질서를 만들어 갈 수 있는 가치관을 정립하는 것입니다. 나 혼자 아무리 내 자신의 순결을 지키려 결심한다 해도 내 주변과 사회가 위험하다면, 안전하고 행복한 삶을 누리기는 어려울 것입니다. 때로는 이런 문제들 때문에 계층별, 지역별로 따로 무리지어 살려는 시도가 이루어지기도 하지만, 사회란 혼자 만드는 것이 아니며 인간은 누구도 혼자 살아갈 수 없습니다. 나와 남을 모두 사랑하고 아낀다면, 범죄를 저지르고 싶은 마음을 최대한 억제할 것이고, 합의하에 성관계를 할 경우에도 피임을 철저히 하기 위해 노력하겠죠. 나와 남을 사랑하기 위한 질서, 우리가 함께 행복하기 위한 기술. 힘껏 사용해야 할 때와, 절제와 감춤으로 내공을 쌓아야 할 때를 구분할 줄 알아야 합니다.

† 자위 - 금지된 장난

성경에는 '자위'라는 말이 딱 한번 나옵니다. '달걀 흰자위'(욥기 6:6). 인터넷을 살피다보면 다소 혼란스러운데요, '자위'라는 단어가 19세 이하 검색 금지어라는 사실을 아시나요? ('성인'도 19금). 하지만 그런 인터넷 공간에는 초등학교 1학년 때 부터 자위를 했다는 중학교 1학년 학생의 상담 글이 올라옵니다. 전반적인 답변들의 추세는, '괜찮다'가 훨씬 많습니다. 물론 '안 된다'는 의견들도 열심히 올라오지만, 그 근거와 대안이 아쉽더군요.

자위행위가 무조건 나쁠까요? 끝이지 않는 성욕을 자위행위를 통해 일단락 지을 수도 있고, 자신의 성 감각을 개발할 수도 있고, 결혼 후 성관계의 기쁨을 충만하게 하기 위한 준비가 될 수도 있을 텐데 말이죠. 하지만 반대로, 자위로 만족을 얻은 사람은 배우자와의 섹스를 통해서 만족하지 못하는 경우가 있다니 참조 바랍니다.

　　자위에 관해서는 그 행위 자체가 문제라기보다, 구체적 대상에 대한 농도 짙은 상상을 하는 것이 간음죄가 된다는 것과(마태복음 5:28), 자극적인 동영상, 보조도구 등이 문제라는 지적이 많습니다. 자위행위를 하고 있을 때 예수님께서 옆에 계시다면 어떻게 하겠냐는 질문을 던지기도 하는데, 처음에는 긴장 좀 하지만 나중에는 불 끄고 눈감고 하겠죠.

　　자위행위가 술, 담배, 마약처럼 몸에 나쁜 것은 아닙니다. 나이와 건강에 적절한 자위는 전립선 질환에 도움이 된다는 의학적 견해도 있고, 혈액순환에도 당연히 도움이 되겠죠. 그러나 운동이나 양치질도 지나치게 많이 하면 나쁘듯이, 자위로 너무 많은 에너지를 쏟다보면 몸이 축납니다. '많이'의 기준은 나이와 건강 등의 개인차가 있겠습니다만. 우리의 몸은 하고 싶은 것을 참는 것도 힘들어하지만, 너무 많이 하는 것도 힘들어 합니다. 지금 말하는 힘듦은 정신적 죄책감에서 비롯되는 것이 아니라, 몸에서 기가 지나치게 빠져나가 몸에 무리가 가는 것을 가리킵니다. 만약 몸이 힘들어 할 정도라면 너무 많이 한 것입니다.

✝ 자위 - 죄책감

'자위 하는 사람 80%'라는 말도 있고, '99.99%이상'이라고 호언 장담하는 사람도 있더군요. 그러나 전혀 안하는 사람도 분명 있으니, 혹시 자신에게 그런 욕구가 없다고 해서 너무 걱정하지는 마시기 바랍니다. 혹시 결혼 전까지도 계속 욕구를 느끼지 않으신다면 배우자와 꼭 상의해 보시기 바라고, 필요하다면 한의/양의 전문의와 상의해 보시기 바랍니다.

일반적으로 15세 정도에 자위를 시작하고 30대 후반에 결혼한다고 가정한다면, 자위행위는 거의 20년 이상 계속되고, 결혼 후에도 계속 됩니다. 많은 사람들의 자위에 있어서 가장 큰 문제는, 자위행위를 하는 동안 그 영혼이 사단의 참소를 당할 수 있다는 것입니다. 스스로를 죄인이라고 자책하게 만들어 주님 앞에 설 수 없게 만드는 죄책감을 갖는 것. 자위가 '죄'라는 결론을 내리기도 전에 이러한 '죄책감' 때문에 미리 하나님을 멀리하는 것이야말로 사단이 원하는 바입니다! 십계명을 7번씩 70번 이상 왕창 어겼다 해도 하나님 앞에 나아가 엎드려 우는 것이 하나님 아버지의 사랑이요, 예수님, 성령님이 원하시는 것입니다!

하지만 죄책감이 이유 없이 생기는 것은 아니니, 죄책감의 원인도 무시하지 말아야 합니다. 자위의 죄책감 문제에 대해서는 이 책에도 그 누구의 얘기에도 의존하지 마시고, 기도를 통해 하나님과 직접 대화하시기 바랍니다. 어느 순간에도 성령님께서 당신과 함께 계시니, 그 분께 직접 이야기해보세요. 각자의 은사에 맞는 답을 주실 것입니다. 우리의 육체가 만족하고, 우리의 영혼이 행복하며, 사단도 감히 넘보지 못할 견고한 답을, 보혜사 성령님과의 관계에서 직접 얻을 수

있습니다. 우리 신체의 일부인 성기도 하나님께서 직접 설계하고 만
드셨다는 사실을 믿으시나요? 그러므로 하나님께서는 자위에 대한
우리의 욕구 역시 이미 알고 계십니다.

자위에 대한 관심과 욕구를 운동과 취미로 돌리라는 대책과 권고
는 사실 성공가능성이 희박합니다. 육체가 건강해질수록 성욕도 강건
해 집니다. 물론 개인차가 있긴 하겠지요. 그러나 감기몸살에 심하게
빠질수록 음욕에 빠지지 않을 수 있다는 사실, 참조하시기 바랍니다.

† 과거 고백

과거, 고백해야 할까요? 현재와 미래에 필요한 만큼만 고백하면
되겠습니다. 훗날 숨겨뒀던 과거가 드러나 당혹스러운 상황이 생길
수도 있겠지만, '과거'의 실수와 아픔이 '오늘'의 아름답고 성숙한 인
격을 만들어주었다면, 서로 간에 과거의 일이나 실수는 이해해 주는
큰 사랑을 갖는 것이 좋겠습니다. 나의 '과거' 때문에 결별을 선언하
는 사람이라면, '현재'의 나를 사랑하지 않는 것이죠.

과거는 완벽히 정리해야 좋을 테지만, 쉽게 정리되지 않는 문제들
도 있죠. 아직 마음이 정리되지 않았다면 새로운 시작은 피하는 것이
좋을 것입니다. 혹시 숨겨 놓은 아기가 있다거나, 꼭 말해야 할 문제
라면, 새로운 만남을 시작할 때 충분히 이야기를 나눠야겠죠. 이처럼
상대가 어떻게 받아들일지 심히 염려되는 문제라면 나중에 큰 화근이

되지 않도록 조심스럽게 공개해야 할 것이고, 만약 그 사실을 공개했더니 끝내자고 한다면 빨리 고백하길 잘한 것입니다.

† 혼전 임신

결혼 전 임신. 이러한 상황에 대해 어떻게 생각하시나요? 아무리 생각해도 순식간에 인생이 뒤엉키는 시점임에 분명합니다. 주변의 시선도 문제지만, 아기의 양육문제와 본인의 사회생활이 온통 혼란에 빠지게 됩니다. 젊어서 고생은 사서도 한다고, 뭐든 달게 받을 것인가요? 아니면, 낙태? ㅠㅠ

피임을 한 경우라 해도, 성관계 후 다시 생리가 시작 될 때까지 여성들은 깊은 불안함에 사로잡히게 됩니다. 대부분의 남자들은 이것에 대해 잘 모르고 있는 것 같습니다. 심지어 피임조차 하지 않는 젊은이들이 많다는 사실은 정말 놀랍습니다. 그 삶의 아픔과 위험을 생각하면 눈물이 납니다.

혼전임신을 한 경우, 감히 낳으라고도, 낳지 말라고도 못하겠습니다. 그 삶이 감당해야할 어두움과 짐이 너무나 무겁기 때문에 제 3자로서는 쉽게 말하지 못합니다. 다만 미혼모를 도와주는 기관과 잘 협력하여 출산한 후 입양시키는 방법도 있으니 참조하시기 바랍니다. 지금까지의 잘못을 고백하고 용서를 빌며, 이미 발생한 문제의 해결방법에 대해 하나님께 간구하고 철저히 따라야 합니다.

† 상처 - 이기적 욕정

언제 헤어질지 모르니 스킨십은 되도록 하지 말아야 한다는 생각은, 거절당할지도 모르니 고백하지 말아야 한다는 것과 비슷하지 않을까요? "누워 있으면 넘어질 염려가 없다(탈무드)."

헤어짐 후에 상처로 남는 것은 서로에 대한 성욕이나 깊은 스킨십이 아니라, 상대에 대한 존중과 배려가 없는 '이기적 욕정'에서 비롯된 행위들입니다. 물론 그렇다고 서로의 '합의'만 믿고 무작정 달려서는 안 되겠죠. 서로가 후회하지 않을 수 있는 선을 지키는 것이 중요합니다. 이 '선'은 두 당사자의 진술한 대화를 통해 구체적으로 정하는 것이 좋겠습니다. 어느 한쪽의 기준만을 고집스럽게 밀고 나가다 보면 너무 많이 가거나 너무 못갈 수도 있고, 어느 한 쪽이 관계에 대해 큰 불만을 갖게 될 수도 있습니다. 연애를 하면서 '어디까지만'이라고 선을 그어 놓으면 재미가 없을까봐 걱정될 수도 있겠지만, 서로의 영원한 만족을 위해 정성껏 가꿔갑시다.

† 성 욕구 확인 - 결혼 후의 성생활을 위해

결혼 전에, 서로의 성욕구가 얼마나 있는지 확인해 봐야 할까요? 결혼 전까지는 키스뿐 아니라 상대가 흥분할 수 있는 어떤 행위도 하지 말아야 한다는 의견도 있던데, 서로의 성욕에 대한 대화도 해서는 안 되는 걸까요? 그저 결혼하고 나서부터 잘 맞춰 가면 되는 것일까요? 연애 기간에는 성이 없어야 할까요?

하나님의 율법을 따르지 않는 많은 연애 및 결혼관련 책들은 상대를 배우자로 확정짓기 전에 '동거'해보는 것을 권장하더군요. 그 의견에 따르면, 서로의 생활습관이나 성 관계까지 확인할 수 있으니 매우 유익한 방법이라고 합니다. 이와 같은 '동거'나 '혼전 성관계'는 금하더라도, 서로의 성 욕구 정도와 가치관을 확인해 보는 과정은 필요하지 않을까요? 자위, 포르노, 성욕구 등에 대해 진솔한 대화를 나눌 수 있다면 어떨까요? 혹시 이런 이야기를 하게 되면 자연스럽게 선을 넘게 될 것 같아 입 밖에 내기가 조심스럽나요? 이런 대화를 하면서도 서로의 순결을 소중하게 지켜줄 수 있는 사람과 결혼을 준비하는 현명한 전략이 필요하지 않을까 싶습니다.

체력을 키우고 지식을 쌓듯 성에 대한 가치관과 성 능력도 개발해야 합니다. 성에 대한 기본 지식도 갖추고, 각자의 신체를 건강하고 깨끗하게 잘 관리하며, 더불어 성 기능 강화 훈련에는 어떤 것이 있는지 공부할 수도 있습니다. 지식이 좀 부족한 것은 서로 가르쳐주고 맞춰가며 살 수도 있지만, 무엇보다 중요한 것은 상대와 마음을 열고 대화하려는 자세와 서로의 만족을 위해 배려하고 노력하는 성 가치관을 갖추는 것입니다. 이기적인 마음 앞에서는 아무리 좋은 궁합이나 테크닉도 무의미하며, 설령 결혼 전 섹스를 통해 서로의 성 만족도를 확인했더라도 아무런 소용이 없습니다. 이기심 앞에서 행복한 성 관계는 불가능합니다.

　결혼 후의 섹스에 대해 지나치게 큰 기대와 환상을 갖는다면, 오히려 그 환상이 금세 깨져버릴지도 모릅니다. 섹스가 잘 된다고 해서 무조건 행복한 것도 아닙니다. 결혼하고 섹스를 마음껏 할 수 있게 된다고 해서, 그것이 두 사람의 모든 것이 되지는 않으니까요. 서로간의 친밀한 관계를 유지하고 행복한 결혼생활을 하는 데에는, 섹스 뿐 아니라 다른 노력들이 더 많이 필요합니다. 하나님을 사랑하는 영혼들의 성적 만족에는 성행위와 만족 이상의 신비로운 것이 있습니다.

† 상상하는 죄 조차 범하지 않으려면

성에 대해 최대한으로 절제하고 상상하는 죄조차 범하지 않으려면, 이런 책과 글부터 쓰지도 말아야 하고 보지도 말아야겠죠. 어느 것에 대해서도 구체적인 설명을 해서는 안 됩니다. 성과 범죄에 대해 자세히 쓰는 순간, 쓰는 이와 읽는 이 모두가 그것을 상상하게 되고 말테니까요.

정말 아무런 상상조차 하지 못하게 만들어야 한다면, 이 책은 이 한마디로 끝내야 할 겁니다. "성 금지, 상상 금지, 질문 금지."

♥♥ 하나님께서 주신 성의 축복을 확신하고
하나님과, 연인과, 우리 모두가 행복할 수 있는
성 질서와 문화를 만들어야겠습니다.
오늘의 만남에도 감사드립니다.

연애, 그 설레임과
대책 없음에 관하여

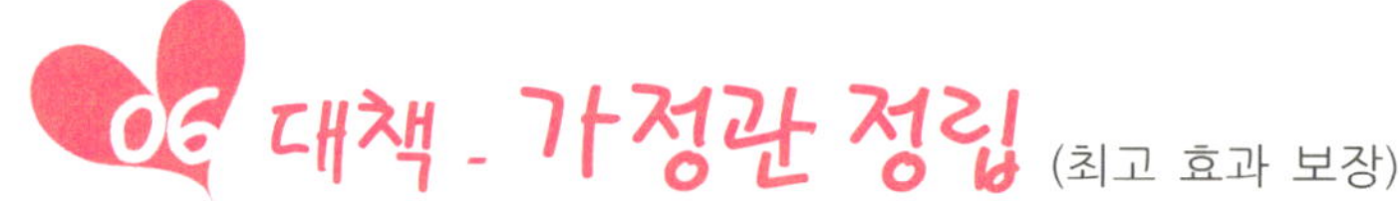 06 대책 - 가정관 정립 (최고 효과 보장)

모임에서 함께 읽을 때 :
제일 먼저 결혼할 것 같은 분이 아래의 글을 읽어 주세요.

우리에게 하나님의 자녀가 되는 축복과 한없는 사랑을
주신 하나님께 감사드립니다. 우리에게 사랑하는 마음
과 사랑하는 가정을 주셨으니, 우리의 연애와 가정이 하
나님도 기뻐하시고 우리도 큰 축복으로 누릴 수 있는
것이 되기를 간구합니다. 하나님 사랑합니다. 우리의 이
웃과 애인을 사랑합니다. 예수님의 이름으로 기도드립
니다. 아멘.

지난 장의 내용은 어땠나요? 많은 공감과 도움을 얻으셨나요? 혹
시 다소 서먹한 모임이라면 나누기 힘든 이야기들도 있었겠지만, 누
구에게나 혼자 고민해서는 해결할 수 없는 부분이 있기 마련이죠. 그
런 경우에는 다른 사람들과 함께 공유하고 고민해보는 과정이 유익할
수 있다고 생각합니다.

오늘의 인사. " 아름다운 가정을 만듭시다.^^ "

혹시 지난 장의 이야기를 나누고 나서, 근심걱정 없던 건전한 삶에 괜히 엉큼한 생각들이 침범해 당신을 괴롭히지는 않나요? 사실 괜한 일을 한 것은 아닌가 걱정되기도 하네요. 하지만 이것은 언젠가 겪게 될 애인과의 힘겨운 갈등에 대비한, 아주 약간 아픈 예방주사 정도가 아닐까 생각합니다.

자, 어떤가요? 무겁던 짐을 조금은 내려놓고, 앞으로 어떻게 해야 할지에 대한 기준을 세우는 데에 도움이 되었나요? '성'에 관련해서 또 다른 깨달음이 있으신가요? 그 비법을 나눠주세요.

하나님의 사랑을 떠올리며 마치 연인에 대한 것과 같은 마음이 느껴지신다면, 하나님을 더 깊이 이해할 수 있게 된 것이요, 또한 우리의 성에 대해서도 이해할 수 있게 된 것입니다. 이제 정말 풀리지 않는 문제에 대해서는 하나님께 숨김없이 고백하고 도움을 구할 수 있겠습니다.

우리의 성이, 우리 하나님을 더 이해하고 사랑하기 위한 바탕이 되고 우리의 애인과 이웃을 사랑하는 일에 유익하기를 바랍니다.

🌸 오늘 나누고 싶은 이야기

💕 모임에서 함께 읽을 때 :
두 번째로 빨리 결혼할 것 같은 분이 아래의 글을 읽어 주세요.

이제는 대책을 세워봅시다. 설렘으로 가득한 연애를 행복하게 잘 하는 방법과, 평생 동안 그 연애의 설렘을 유지할 수 있는 비법을 찾아내야 하겠습니다.

🐑 이혼 안 할 자신 있나요?

대한민국 2009년, 혼인 : 309,759건, 이혼 123,999건. OECD 국가 중 1위. (그래도 2003년의 166,617건 보다는 많이 줄었네요.) 1997년 혼인은 388,960건으로 더 많았지만 이혼은 91,160건이었습니다. 이혼하지 않을 사람과 연애할 순 없을까요? 연애하는 동안, 이 사람이라면 이혼하지 않겠다는 확신을 얻을 수는 없을까요?

연애를 시작할 때는, 세상 그 무엇과도 바꿀 수 없을 만큼 좋아하다가, 왜 그 설레임이 사라져야만 하나요? 그렇게 설레임이 다 식어지고 나서, 지긋지긋해져도 이혼하지 않을 자신 있나요? 지긋지긋해지지 않을 방법을 찾아야겠습니다.

행복한 가정의 모델이 있나요?

주변의 가정들 중에서 행복한 가정이 많이 있나요? 밖에서 봐서는 그 속사정까지 다 알 수는 없겠지만, 겉으로 보기에라도 행복한 가정은 어떤 모습인가요? 우리도 그렇게 행복한 가정을 가꿔가며 살고 싶다면 어떻게 해야 할까요? 어디서 배울 수 있나요?

대학 시절, 한국가정법률상담소 성남지부에서 6개월 정도 일주일에 하루씩 자원봉사를 한 적이 있습니다. 되돌아 보면 하루하루가 놀랍고 힘들었던 충격이었습니다. 온 몸에 피멍이 든 여인이 큰 모자를 눌러쓰고 상담소를 찾는 일이 끊이질 않았습니다. 오랜 시간, 거의 평생 동안을 그렇게 정신과 육체의 고통에 시달리며 사는 사람을 보게 되자, 어린 마음에 결혼에 대한 깊은 두려움과 거부감이 생기기도 했습니다. 그러한 절망으로부터 회복시켜주신 하나님의 은혜에 감사드리지 않을 수 없습니다.

그 정도까지는 아니라도, 이 세상에는 힘들게 사는 가정이 참 많습니다. 그러나 우리는 모두 행복하게 살기를 원하지 않나요? 바로 연애를 하는 시기가, 그 행복한 삶을 준비하는 마지막 단계입니다. 이때를 놓치면 평생 다시 기회가 없습니다.

💕 모임에서 함께 읽을 때 :
세 번째로 빨리 결혼할 것 같은 분이
아래의 글을 읽고 답변할 사람을 ♡ 찍어주세요.

(가) 설렘

1) 마음으로만 좋아하다가 → 말을 건네 보고 → 밤새 전화 통화를 하다가 → 데이트도 하고 → 손을 잡아 본 적이 있나요? 지금도 그 생각을 하면 나도 모르게 손이 움찔하고 가슴이……. 서로의 마음을 완전히 합했다는, 확신에 찬 두 사람의 손. 모든 것을 다 얻은 것 같은 그 손. 꽉 붙잡고 있지 않아도 누구도 먼저 빼내지 않는 그 손. 그렇게 설레는 사람과 함께 있어본 적 있나요?

2) 결혼하고 나서도 (1)번과 같은 설렘으로 살 수 있을까요? 매일 저녁 퇴근하고 집으로 가는 길이 마치 데이트 가는 길처럼, 그렇게 살 수 있을까요?

(나) 마음껏 사랑하기

1) 당신이 남자라면, 바람 부는 강가에서 여자에게 외투를 벗어 줄 예정인가요? 당신이 여자라면, 별로 안 추워도 미안한 척 하면서 그 옷 속에 파묻힐 생각인가요?

2) 짝사랑이 힘든 이유는 무엇일까요? 왜 짝사랑은 쉽게 끝낼 수 없을까요?

(다) 이혼

1) 이혼한 사람의 인생은 어떻게 되는 것일까요? 이혼하고도 그럭저럭 잘 살 수 있을까요? 이혼하지 않고 잘 살 자신 있나요? 아니면, 이혼해도 상관없나요?

2) 연애하면서 이혼 걱정까지 해야 할까요?

(라) 불행

1) 폭력 가정과 가난한 가정 중 하나만을 피할 수 있다면, 어떤 것을
피하고 싶은가요?

2) 연애조차 불행하게 지내는 사람들도 있던데, 왜 참고 견디는 것일
까요? 그 사람 아니면 이 세상에 사람이 없나요?

(마) 차별 대우

1) 직원관리, 동료관리, 인맥관리는 열심히 하면서 가족과의 관계는
잘 관리하지 못하는 이유는 무엇일까요?

2) 당신의 애인이 가족도 친구도 모두 외면하고, 애인에게만 집중하
   는 사람이라면, 만족스러울까요? 그것이 평생 유지될 확률은 얼마
   나 될까요?

(바) 영원한 연애

1) 나와 그 사람의 인생에서 가장 중요한 것은 무엇일까요? 그것이
   서로 같다면 평생 같은 길을 갈 것이고, 그렇지 않다면 평생 다른
   길을 가겠군요.

2) 연애하면서 자녀 생각까지 해야 할까요? 결혼도 생각하기 힘든데
   어떻게 자녀까지……. 자녀를 생각한다면, 우성 유전자를 고려해
   사람을 골라야 할까요?

모임에서 함께 읽을 때 :
결혼해서 제일 거룩하게 살 것 같은 분이 아래의 글을 읽어주세요.

하나님께서는 인간관계에 상당히 관심이 많으십니다. 자녀를 낳아 기르면서, 자녀들끼리 우애 좋게 지내기를 원하는 부모의 마음과 비슷하지 않나 싶습니다. 혹 옆집 사람들과는 싸울지언정, 집안에서 싸우기는 원치 않으시죠.

 ## 가장 큰 축복은 가족을 주심

성경 전체를 볼 때, 하나님의 뜻을 따르고 직분을 감당하며 축복과 징벌이 행해지는 최소 기본 단위는 '가족'입니다.[5] 하나님께서는 수고한 일에 복 주심으로 말미암아 가족과 함께 즐거워하라고 하십니다(신명기 12:7, 14:26). 이처럼 우리는 말씀 가운데 하나님께서 '가족'을 마치 한 몸처럼 여기신다는 것을 알 수 있습니다. 고독한 사람들을 가족과 함께 살게 하신다는 말씀(시편 68:6)과, 가난한 자들을 그 고통에서 구하시고 그 가족을 양떼처럼 많게 하셨다(시104:41)는 말씀을 보면서, 하나님께서 우리에게 주시는 가장 큰 축복과 구원은 가족임을 확신합니다.

---

5) 성경 속 '가족' – 개역개정4판 : 94회, 현대인의 성경 : 189회

인간 삶의 행복을 설계함

인간의 삶과 관계의 질서를 설계하신 하나님을 봅니다. 하나님께서는 제사 드리고, 머리 깎지 말고, 포도주를 먹지 말라고 명령하셨습니다(민수기 6장 전체). 인간이 머리 깎고 포도주를 먹는다고 해서 하나님께 손해가 있을까요? 세상 모든 만물이 하나님의 피조물인데, 그 중에서 양이나 비둘기 몇 마리를 제물로 바치지 않는다고 하나님의 창조 세계에 문제가 생길까요? 하나님의 안위나 이익과는 무관한, 이토록 세심한 규정들은 모두 무엇을 위함일까요? 새신랑은 1년 동안 징집하지 말고 아내와 행복하게 지내야 한다고 하셨습니다(신명기 24:5). 자녀의 출산을 위한 것이라는 해석도 있긴 하지만, 우리는 성경에서 분명히 '행복(happiness)'이라는 말을 발견할 수 있습니다. 가족은 기능이 아니라, 기분입니다. 생리중인 여자와의 성관계는 금하시고(레위기 15:24) 부정하다고 표현하시네요. 여기서의 부정은 하나님께 범죄라기보다는 생리중인 여자를 보호해야한다는 의미로 보입니다. 아들을 출산한 여자는 7일 동안 부정하다고 하시고(레위기 12:2), 특히 여자를 출산한 여자는 14일 동안 부정하다고 하셨습니다(레위기 12:5). 이는 딸을 출산하는 경우 가족들이 별로 반기지 않아 산후조리를 제대로 못하는 경우가 많기 때문에, 이를 방지하기 위한 조치라는 해석에 동의합니다. 간음을 의심 받는 여자에게는 혐의를 벗을 수 있는 방법도 정해 주십니다(민수기 5:11~31). 이런 일들이 하나님과 무슨 상관이 있나요? 왜 부정하다는 것일까요? 인간의 삶, 그 중에서 가족 관계에 왜 이토록 큰 관심을 가지고 계신가요? 왜 고아와 과부를 돌보라고 하시며(야고보서 1:27), 가난한 자를 보살펴

주라고 하실까요(시편 41:1)? 하나님께서는 자기 가족을 돌보지 않는 자는 불신자보다 더 나쁘다고 하셨습니다(디모데전서 5:8).

 ## 구원의 영광은 가족의 기쁨과 같음

구원의 영광을 선포하시면서, '결혼', '신랑', '신부'라는 말들로써 그 기쁨과 영광을 표현하십니다.

젊은 남자가 처녀와 결혼하듯이 너를 세운 자가 너와 결혼할 것이며 신랑이 신부를 보고 기뻐하듯 네 하나님 이 너를 보고 기뻐하실 것이다(이사야 62:5).

'결혼'의 기쁨을 모르고 '신랑', '신부'의 기쁨을 모르면 위의 말씀을 진정으로 느끼고 이해할 수 없겠죠.

모든 성경은 하나님의 감동으로 기록되어서 진리를 가르치고 잘못을 책망하여 바로잡게 하고 의로 훈련시키기에 유익한 책입니다(디모데후서 3:16).

 성공비법

어느 책에서, 배우자 만나는 일은 예수님 만나는 일 다음으로 중요한 일이라고 하더군요. 여기서 문제는, 예수님을 알아가는 일이 평생토록 끝나지 않는다는 사실입니다. 그렇다면 우리는 죽을 때까지 결혼 못하겠죠. 하지만, 하나님께서는 우리들에게 결혼하라고도 하셨습니다!^^

† 착하고 좋은 사람

이 세상에 착하고 좋은 사람은 많습니다. 쉽게 포기해버리지 말고 끝까지 찾고 구하세요. 이기적이고 악하고 못되고 책임감 없고 거짓말 잘하고 불성실한 사람과는 같이 살기 정말 힘들죠. 이 사람이 아니다 싶으면 얼른 끝내세요. 그 사람은 스스로 반성하게 두고 새로운 사람을 만나는 것이 좋습니다. 다만, 그렇게 '못된' 모습이 나의 모습일 수도 있으니 스스로를 꼭 돌아봐야 합니다.

아무리 열정적으로 사랑했던 상대라고 해도, 아닌 것은 아닌 것입니다. 오히려 그 시간들을 통해 '아닌 사람'에 대한 확신과 변별력을 키웠으니 유익함을 얻었다고 할 수도 있겠죠. 연애는 해봐야 알고, 사람은 만나봐야 압니다. '좋은 사람 vs 나쁜 사람', '맞는 사람 vs 안 맞는 사람'을 구별할 수 있는 능력은 연애를 해봐야 생긴답니다.

† 평생을 위한 투자

내 인생 중에 연애가 2년, 결혼생활은 40년 정도라고 한다면, 무엇을 준비해야 할지 답이 나오나요? 미리부터 이혼은 꿈도 꾸지 마시기 바랍니다. 한 번 이혼했던 사람들의 재 이혼율이 이혼 경험 없는 사람들의 이혼율보다 훨씬 높다고 합니다.

꿈이 없으면 미래가 없다고들 하지만, 가정이 없는 것은 현재가 없는 것과 같습니다. 인간은 미래를 꿈꾸되 현재에 사는 존재입니다. 그리고 가정은 현재와 미래를 통틀어 가장 중요하고 오래 남는, 우리 인생의 가장 큰 바탕입니다.

연애기간에는 서로를 위한 노력과 투자를 많이 합니다. 그걸 믿고 결혼하는 사람들이 무진장 많죠. 그런데 결혼하고 나면, '다 이루었다'고 생각하는지, 저마다 변신을 감행합니다. 연애기간 동안 최선을 다해 상대에게 투자하는 것은 그만큼 사랑하기 때문이기도 하지만, 그렇게 하지 않으면 애인이 떠나갈 수도 있기 때문입니다. 따라서 상대방이 곁에서 계속 사랑해 주기를 바라는 마음에 최선을 다해 연애를 유지해가는 것입니다. 가정을 이루고 나서는 더더욱 열심히 투자

해야 합니다. 이혼은 말할 것도 없고, 이혼이 아니더라도 함께 사는 부부가 벽을 쌓고 살면 본인들뿐 아니라 자녀들도 힘들고, 양가 부모님과 주변 사람들 모두가 힘들어집니다. 그렇게 가족들 한명 한명의 마음이 얼어서 깨져버리지 않도록, 언제나 조심스럽고 설레는 마음으로 행복한 가정을 위해 노력해야 합니다. 가족과 많은 시간을 함께하고 사랑하며 사는 것은, 죽을 때까지 프리미엄 복리 이자를 붙여서 되돌려 받는 것과 같습니다. 그 본전과 이윤은 다시 나와 가족에게 재투자 할 수 있겠죠. 이처럼 가정에 투자하는 것이 제일 남는 길입니다. 배우자에게 만족하고 자녀를 통해 더욱 큰 감사와 만족을 느끼며 산다면, 신앙생활에도 큰 도움이 됩니다. 신앙생활 열심히 한다고 가정에 소홀한 자는 하나님께도 결코 칭찬받을 수 없습니다.

가정을 소중히 여기는 부모의 양육을 받은 자녀는, 자연스럽게 자신과 남을 모두 사랑하며 살 수 있는 능력을 얻을 것입니다. 또한 영원토록 다스리시는 하나님의 주권을 인정하고 섬기는 가정에서 자란 자녀는 하나님의 사랑을 깊이 깨닫게 됩니다. 자녀를 훌륭하게 키우기 위해서도 가정을 최고로 소중히 여기고 투자 하는 것이 필요합니다.

✝ 언제나 그 자리, 마음껏 사랑하기

누군가를 마음껏 사랑해 본 적 있나요? 내 모든 사랑을 한없이 주기만 해도, 언제나 변함없이 감격하며 내 사랑만을 기다리는 사람과의 사랑을 해 본 적이 있나요? 내가 사랑하는 사람을 마음껏 사랑할 수 있는 것이 얼마나 행복한 일인지 아시나요?

내가 아무리 사랑해도 내 사랑을 감사함으로 받지 않는 사람은 내 사람이 아닙니다. 나만을 한없이 사랑하고, 내 사랑을 몽땅 흡수하면서도 언제나 나와 함께 있고 싶어 하고, 죽을 때 까지 내게만 사랑받기 원하는 가족과 사는 축복을 누려보시기 바랍니다. 당신도, 언제나 그 자리에서 당신만을 기다리고 있는 그를 만날 수 있습니다. 내 사랑을 기쁘게 받아주는 사람을 만나, 그의 사랑을 받고 또 그 사람을 더욱 사랑할 수 있는 그것이 가장 행복한 만남입니다. 연인, 부부, 가족 간에도 거절이란 언제나 큰 상처가 됩니다. 서로의 사랑을 거절하지 마시고 더 많이 받고, 더 많이 주시기 바랍니다.

✝ 오만과 이기심에는 대책 없음

오만에는 답이 없습니다. 그것은 목사님의 가정도 깨뜨립니다. 이 세상 누구든 '나는 완벽하다', '나는 완벽한 남편, 아내, 부모다'라고 생각한다면 그 사람은 완벽하게 오만한 것입니다.

고정된 과녁에 화살을 쏘는 양궁 금메달리스트도 결코 완벽할 수는 없습니다. 더구나 미풍에도 흔들릴 누군가의 마음을 완벽하게 채울 수 있는 사람은 있을 수 없습니다. 부부가 싸우면서, "나는 완벽한데 너는 나에게 무엇이 불만이냐"라고 하는 것은, 내 기준과 상대의 기준이 다를 수 있다는 사실을 까맣게 모르는 것입니다. '참을 인(忍)' 3번 말고, '저 사람이 왜 그랬을까?'를 3번 생각해 보면 화낼 일이 거의 없어지고, 많은 것들을 이해하고 용서하고 배려할 수 있게됩니다. 무조건 참기만 하면 화병 생깁니다.

참지 말고 이해하세요.

불완전한 상대를 이해하기 위해서 제일 필요한 것은, 나도 그 사람과 같이 불완전하다는 사실을 명확히 깨닫는 것입니다. 그러한 마음가짐으로 그와 대화하며, 그의 이야기를 끝까지 들어보는 것입니다.

가정은 외롭고 부족한 사람들이 모인 곳입니다. 가사에 있어서도 사랑에 있어서도 서로 도움을 주고받아야 하는데, 오로지 받으려는 생각만으로 모여 있다면 그 가정에는 기쁨이 없습니다. '주는' 것을 배우지 못한 결과입니다. 점점 더 학벌과 돈과 지위에만 집중되는 사회구조 속에서, 학교 혹은 더 큰 사회의 교육을 통해 '주는 기쁨'에 대해 배우는 것은 거의 불가능에 가깝습니다. 가정을 망가뜨리는 제1의 원인은 이기심입니다. 가정에서 이익과 손해를 따지는 것만큼 어리석은 생각은 없습니다. 가정생활은 헌신과 희생과 절제와 노력을 필요로 하며, 이를 통해 서로에 대한 사랑과 만족감은 점점 더 커져갑니다. 그것을 기쁨으로 여기는 사람은 평생을 행복하게 사는 방법을 깨달은 것이지요.

온 우주를 창조하신 하나님의 자녀로서, 우리는 긍휼을 베풀 수 있어야 합니다. 유년기와 사춘기까지는 아직 남을 배려할 만큼 성장하지 못할 때이니 어느 정도의 이기적 행동들을 용인해 줘야하겠지요. 그러나 성인으로서 본인의 선택으로 연애하고 청혼하고 결혼해 부부가 되고 가정을 꾸렸다면, 상대의 입장을 이해하고 배려하며 적극적으로 서로를 돕고자 하는 노력을 기울여야 합니다.

† 포기할 것은 포기하기

아무리 기대해도 얻을 수 없는 것이라면 애초에 포기하는 것도 한 방법입니다. 관계 자체를 포기하는 것은 가장 마지막까지 미뤄둬야 할 일입니다만, 그 관계를 잘 지속하기 위해 포기해야 할 것들이 있을 수 있습니다. 물론 나와 다른 그의 모습을 이해하고 배려하면서 그의 의견을 듣고 나의 의견을 표현하기도 하지만, 때로는 포기해야 하는 부분도 있는 거죠. 내가 상대에게 요구하는 것들 중에서, 나의 편견이나, 아집, 고정관념을 담고 있는 것은 없는지 꼭 살펴봐야 합니다. 지금 이 순간 합리적이라고 생각되는 것들도 조금만 지나고 보면 나의 좁은 식견과 어설픈 편견에 갇힌 생각임을 발견하게 되곤 하죠.

하나의 길고 큰 이야기를 만들어내는 작가나 감독처럼, 전체의 큰 그림을 보기 바랍니다. 그리고 나면 상대방의 입장이 조금은 이해되기 시작하고 더불어 나의 마음도 편안해집니다. 그렇게 나와 상대방이 모두 만족하는 길을 찾는 것입니다. 여기서 중요한 것은, 상대방뿐 아니라 나 역시 만족해야 한다는 사실입니다. 하나님께서는 이렇게 서로 사랑하고 섬기는 것이 자신에게 제일 유익한 길이라고 말씀하셨습니다(에베소서 5:22~33)

혹 아무리 노력하고 사랑하려 해도 도무지 개선의 여지가 보이지 않는다면, 관계를 정리하는 것에 대해서도 신중하게 검토해 봐야 합니다. 연애는 결혼과는 다릅니다. 결혼은 자유롭게 헤어지고 끝낼 수 없지만, 연애는 내 사람이 아닌 경우 언제든 관계를 정리하고 다른 사람을 만날 수도 있는 것입니다.

† 성령의 도우심

이제 슬슬 글을 끝낼 때가 다가오니 그럴듯하게 마무리나 해보자는 요식행위로 '성령님의 도우심'을 언급하는 것이 아닙니다. 지난 시간을 돌아볼 때, 아무리 생각해도 나의 계획과 노력과 능력만으로는 해낼 수 없는 기적과 같은 일들이 무척 많았습니다. 살아가면서 때로 우리의 몸과 마음에는 상처와 흉터가 생기기도 하지만, 그 상처조차도 행복한 우리 가정의 거름이 되게 하시는 주님의 손길을 느낍니다.

이상형 그 이상의 배우자를 만나고 싶다면, 우리의 연애와 가정에 성령님이 함께 하시기를 간구하시기 바랍니다. 성령의 도우심으로 우리는 우리가 '상상'할 수 있는 이상형을 훨씬 능가하는 배우자를 만날 수 있습니다.

† 소중한 사람 관리

나를 위해 가정이 존재할까요, 가정을 위해 내가 존재할까요? 친구를 위해 가정이 존재할까요, 가정을 위해 친구가 존재할까요? 가정을 위해 직장이 존재할까요, 직장을 위해 가정이 존재할까요? 가장 중요한 것은 언제나 나와 가정의 관계를 세우는 일입니다. 혹 친구나 직장을 가정보다 중요하게 여기는 사람이 있다면, 그 문제는 일단 미뤄 두겠습니다.

많은 이들이 친구관리, 직원관리, 동료관리, 인맥관리는 열심히 잘하면서 가족과의 관계를 원만하게 유지하지 못하는 이유는 무엇일까요? 사회에서 만난 사람과의 관계는 쉽게 끊어질 수 있기 때문에 유지하기 위해 관리를 열심히 해야 합니다. 그러나 많은 사람들이 가족은 언제나 그 자리에 있기에 관리하지 않아도 된다고 여기죠. 가족 간에도 때때로 이혼이나 결별이 생기지만, 보통 가족 간의 틈은 가랑비에 옷 젖듯 오랜 시간 동안 서서히 벌어지는 법이라, 결국 깨져버릴 때까지 깨닫지 못하고 방심하는 경우가 많습니다. 가족이 아닌 이들과의 관계는 혹 되돌릴 수 없을 경우라도 다시 안보고 살면 그만일수 있지만, 가족 간의 관계가 깨어지면 아무리 세월이 흘러도 그 아픔과 상처가 쉬이 가시지 않습니다. 뿐만 아니라 함께 하는 동안 의지하고 같이 했던 것들이 많기 때문에 혹 끝내고 갈라선다 해도 쉽게 정리되지 못합니다.

우리 사회에 가족과 가정을 보호해야 한다는 인식이 튼튼하게 뿌리내리기도 전에 이기적인 경쟁과 물질주의가 극심해져 이혼율은 나날이 높아져가고 있습니다. 이는 사람들로 하여금 서로를 사랑하지 못하게 하려는 사단의 계략입니다. 혼란한 사회적 흐름 속에서 사회 제도와 법률은 사회적 문제들과 풍토에 뒤따를 수밖에 없지만, 주님이 주신 성경말씀은 이 모든 것을 초월한 예방과 치유의 해법이 됩니다. 그것은 바로, 사랑.

직장에서나 친구사이에서는 상대에 대한 이해와 배려, 솔선수범이 몸에 밴 것처럼 보이는 사람이 집안에서는 손가락 하나 까딱하지 않는 경우를 많이 봅니다. 당연히 다른 가족들과 무진장 싸우겠죠. 그런 사람은 어쩌면, 힘든 일을 하나 둘 씩 하다보면 남들 하기 싫은 일을 자기가 몽땅 도맡게 될까 지레 몸을 사리는 것일지도 모릅니다. 학교나 직장, 군대에서의 경험을 통해 터득한 이기주의겠죠. 그러나 가정에서 이처럼 이익과 손해를 따지는 것은 어리석은 것입니다. 가정에서의 헌신과 배려는 서로 간의 사랑을 키우며, 그러한 기쁨의 가정에

서는 모든 가족들이 평생을 행복하게 살 수 있게 됩니다. 평생 동안
확실하게 나눌 수 있는 사랑에 투자하시기 바랍니다. 그 사랑을 후대,
만대까지 길이 나눌 수 있는 하나님의 축복이 함께 하시길 기도드립
니다.

가정을 놓치면 평생을 놓치는 것입니다.
영원히 행복한 가정을 준비할 수 있는 능력은 꼭 갖추어야 합니다.
우리의 만남을 축복해 주신 하나님께 감사드리고,
여기까지 함께 하신 모든 분께 감사드립니다.

연애, 그 설레임과
대책 없음에 관하여

결혼을 왜 할까요?

결혼을 왜 하는 지, 의문이 생겼습니다. 결혼하지 않고 잘 사는 사람도 많은 것 같은데, 결혼을 왜 하는 것일까요? 별로 행복하지 않은 것 같은 부모도 자녀의 결혼을 위해서는 기둥뿌리도 뽑아 줍니다. 왜 결혼시키는 것인가요?

그 의문에 답을 찾아보고 싶어서 질문을 던지다 보니, 아래와 같은 질문들이 연결되었습니다. 다음 책에서 다루게 될 이야기이고, 고민의 주제를 던질 뿐이지만, 유익한 답을 찾는 시작이 되길 바랍니다. ^^

1 결혼 하셨나요? (과거완료형 포함)

(1) 예 <   >   ☞ 3번으로
(2) 아니요 <   > ☞ 2번으로

2. 결혼하고 싶은 마음이나 계획이 있으신가요?

(1) 예 <   >   ☞ 4번으로
(2) 아니요 <   > ☞ 5번으로

3. 결혼하길 잘했다고 생각하시나요?

(1) 예 <   >   ☞ 4번으로
(2) 아니요 <   >   ☞ 4번으로
(3) 별 생각 없음 <   > ☞ 4번으로

4. 결혼하기로 결심한 특별한 계기나 이유가 있으신가요?

(1) 예 <   >   ☞ 7번으로
(2) 아니요 <   > ☞ 6번으로

5. 결혼하지 않기로 결심한 계기나 이유가 있으신가요?

(1) 예 <   >   ☞ 8번으로
(2) 아니요 <   > ☞ 9번으로

6. 결혼하는 것은 결심할 필요도 없이 당연한 것일까요?
(1) 예 <   >   ☞ 9 번으로
(2) 아니요 <   > ☞ 9 번으로

💕 이하 질문에, 복수응답이나 같은 답에 여러 번 ○ 강조 가능합니다. 💕

7. 결혼을 결심한 계기는 어떤 것이 있나요?
(1) 부모님, 드라마, 영화, 소설처럼 멋지게 살고 싶어서 <   >
(2) 강연, 토론, 친구와의 대화 등을 통해서 느꼈음   <   >
(3) 결혼하고 싶은 사람이 생겼기 때문   <   >
(4) 사귀는 사람과 성관계까지 했기 때문   <   >
(5) 원치 않는 관계지만, 본인이나 상대가 임신했기 때문 <   >

   (추가 의견) _______________________________ ☞ 9 번으로

8. 결혼하지 않겠다고 결심한 계기는 어떤 것이 있나요?
(1) 부모님, 드라마, 영화, 소설 속의 모습이 너무 비참함 <   >
(2) 다른 이성과 친구들을 마음껏 만나고 싶어서   <   >
(3) 결혼하고 싶은 사람이 전혀 없기 때문   <   >
(4) 성관계는 무조건 싫기 때문   <   >
(5) 임신과 출산이 두렵기도 하고 싫기 때문   <   >

   (추가 의견) _______________________________ ☞ 9 번으로

9. 결혼 준비는 몇 년 정도 해야 할까요?
(1) 대학부터   <   >
(2) 초, 중, 고등학교부터   <   >
(3) 태교에서 부터   <   >
(4) 결혼하고 싶은 사람을 만나고 난 후부터   <   >
(5) 준비할 필요 없음   <   >

   (추가 의견) _______________________________

10. 결혼과 취업 중, 어느 것을 더 준비하고 있으신가요?
(1) 결혼 준비를 더 많이 하고 있음   <   >
(2) 취업이 잘 되야 결혼도 잘 되니, 취업준비가 필수임! <   >

(3) 아무것도 준비하지 않고 있음   <   >
(4) 똑같이 준비하고 있음   <   >

(추가 의견) _______________________________

11. 결혼 결정에서 무엇을 중요사항으로 고려해야 할까요?

(1) 서로 진심으로 사랑하고 있는가?   <   >
(2) 경제적인 안정이 보장되고, 여가를 즐길 수 있는가? <   >
(3) 건강하고, 성격 잘 맞고, 대화도 잘 통하는가?   <   >
(4) 성적 성향이 잘 맞는가?   <   >
(5) 인생관, 신념, 종교 등의 가치관이 거의 일치하는가? <   >

(추가 의견) _______________________________

12. 왜 결혼해야 할까요?

(1) 자녀를 낳아 키워야 하기 때문   <   >
(2) 부모님이 원하시기 때문   <   >
(3) 성적 욕구를 마음껏 해소하기 위해   <   >
(4) 경제 또는 정치적 향상을 위해서   <   >
(5) 평생 혼자 살면 무척 외롭기 때문   <   >
(6) 사랑하는 사람과 평생 안정적인 행복을 누리기 위해 <   >

(추가 의견) _______________________________

13. 연애와 결혼 준비에서 도움을 받을 곳은 어디일까요?

(1) 가정, 친구들 모임   <   >
(2) 결혼준비 전문 업체(예식장, 혼수 등)   <   >
(3) 책, 인터넷, 전문 상담가   <   >
(4) 결혼해서 잘 살고 있는 선배 부부   <   >
(5) 도움 받을 필요 없음   <   >

(추가 의견) _______________________________

14. 행복한 가정을 위해서 무엇이 준비되어야 할까요?

(1) 집 장만, 자동차, 여가를 즐길 만큼의 경제력   <   >
(2) 배우자와 자녀를 사랑하며 이해할 수 있는 자세   <   >

(3) 성적 능력을 잘 개발하면서도 순결을 철저히 지킴   <   >
(4) 연애를 많이 해 봐서, 이성관계에 능숙해 지기   <   >
(5) 결혼해서 살면 저절로 되기 때문에 준비할 필요 없음 <   >

(추가 의견) _______________________________

15. 언제 결혼하는 것이 제일 좋을까요?

(1) 다소 늦더라도, 집 장만하고 나서   <   >
(2) 사랑하는 사람이 생겼다면 언제든 가능함   <   >
(3) 21 ~ 27살 (고등학교 졸업 후 언제든)   <   >
(4) 28 ~ 32살 (직장 생활 자리 잡고 나서)   <   >
(5) 33 ~ 40살 ~ 이후 (늦으면 어쩔 수 없음)   <   >

(추가 의견) _______________________________

16. 어떤 상황이라면 이혼할 것인가요?

(1) 배우자가 바람 폈을 때   <   >
(2) 배우자 1인에게 빚이 무척 많아졌을 때   <   >
(3) 같이 살기 지긋지긋할 때   <   >
(4) 내가 다른 이성에게 온 마음을 빼앗겼을 때   <   >
(5) 자녀, 부부, 친족 등 모두가 이혼을 권유할 때   <   >

(추가 의견) _______________________________

17. 결혼해서 좋은 점은 무엇일까요?

(1) 사랑하는 그 사람과 같이 살 수 있다.   <   >
(2) 자녀를 낳아 자라는 것을 보는 기쁨이 있다.   <   >
(3) 데이트비용이 절감되고, 경제적인 안정이 가능하다. <   >
(4) 성욕을 마음껏 채울 수 있다.   <   >
(5) 남몰래 애태우는 마음으로 고생하지 않아도 된다.   <   >
(6) 늦은 시간 데이트하고 나서 헤어지지 않아도 된다.   <   >

(추가 의견) _______________________________

18. 결혼이 안 좋은 점은 무엇일까요?

(1) 자녀, 배우자 때문에 개인 생활, 발전이 없다.   <   >

(2) 배우자의 형제, 부모, 친인척 때문에 고생한다.   <   >
(3) 다른 이성을 못 만나고, 친구도 자주 못 만난다.   <   >
(4) 경제적 책임감만 커지고, 하고 싶은 것을 할 수 없다.<   >
(5) 가족 간의 간섭이 너무 심해서 불편하다.   <   >

   (추가 의견) ________________________________

[마무리]
설문의 내용과 형식에 관한 개선사항이 있다면 적어주세요.

(1) 질문과 답변이 어려웠나요?   < 예 / 보통 / 아니오 >
(2) 설문의 의도가 잘 파악되셨나요?   < 예 / 보통 / 아니오 >
(3) 꼭 다뤘으면 하는 질문이 빠졌나요?   < 예 / 아니오 >
(4) 설문의 시간과 장소가 적절했나요?   < 예 / 보통 / 아니오 >

   (추가 의견) ________________________________
   (추가 의견) ________________________________

--------- < 작성자 인적사항 > ---------
* 작성일자 :   년   월   일
* 연령 :
* 성별 : 남 / 여
* 지역 :   도   시   구
* 직업 :

** 설문 통계를 [엘이화]에 공유하신다면, 복사, 전재 가능합니다.
(설문지 받기, 통계 공유 - http://elibook.com)
** 설문 제작 및 문의 : [엘이화] Tel.0505-4433-444

—< 설문 끝 >—

❤❤ 1권을 마무리 합니다. ❤❤

　짧은 기간 동안 [아름다운 가정 만들기 제1권]의 내용을 엮으면서, 순간 순간 하나님의 인도하심을 많이 느꼈습니다. 저 혼자만의 지혜로는 마무리 짓기 어려운 때가 많았으나, 하나님의 섬세한 도우심의 손길을 느끼며 1권을 마무리 할 수 있게 되었습니다. 감사합니다.

　우리의 아름다운 가정을 위해서는 더 깊이 생각해야 할 부분이 많고, 이 책에서는 다루지 못한 내용들도 많이 있습니다. 2권에서는 좀 더 성숙한 모습으로, 좀 더 실질적인 도움을 드릴 수 있는 책이 되도록 기도하며 열심히 엮어 나가겠습니다.

[다음에 나누고 싶은 이야기들]

1. 연인의 싸움에 관하여
2. 이상한 사람과 결혼하지 말기
3. 연애 관계의 깊은 의미
4. 어떻게 만나면 좋을까?
5. 데이트 잘 하기
6. 어린 아이를 양육할 준비
7. 양가 부모님께 인사드리기
8. 단 둘의 여행, 동거
9. 나와 남을 모두 존중하기
10. 설레임이 줄어들 때
11. 불륜
12. 헤어짐과 발전과 축복
13. 확실히 좋은 사람 찾는 비결
14. 이상형 확립
15. 사랑과 집착
16. 금전 소비 성향
　　etc.

낡은 형광등
불을 꺼도 꺼지지 않고
길고 긴 목마름에 겨울밤은 깊어갑니다.
메마른 빛이 운행합니다.

꺼지지 않는 그 불빛에
당신의 얼굴 그림자를 볼 수 있다는 건
살아서 다시 못 볼 영상입니다.

당신은 그렇게 내 곁에 누워
숨쉬고, 뒤척이고, 안겨옵니다.

하나님이 세상을 이처럼 사랑하사 독생자를 주셨으니
이는 그를 믿는 자마다 멸망하지 않고 영생을 얻게 하
려 하심이라. [요한복음 3:16].
 "For God so loved the world that he gave his
one and only Son, that whoever believes in
him shall not perish but have eternal life.
[John 3:16]

"주 예수를 믿으라 그리하면 너와 네 집이 구원을 받
으리라." [사도행전 16:31]
 They replied, "Believe in the Lord Jesus,
and you will be saved-you and your
household." [Acts 16:31]